AF433305

Manteniendo la familia y los negocios

Diseño de tapa:
JOHANNA ANOUK WILHELM

ALICIA STIVELBERG

Manteniendo la familia y los negocios

Transformar la zona de conflicto
en zona de acuerdo

GRANICA

ARGENTINA - ESPAÑA - MÉXICO - CHILE - URUGUAY

ARGENTINA
Ediciones Granica S.A.
Lavalle 1634 3° G / C1048AAN Buenos Aires, Argentina
granica.ar@granicaeditor.com
atencionaempresas@granicaeditor.com
Tel.: +54 (11) 4374-1456. ⓒ 1158549690

MÉXICO
Ediciones Granica México S.A. de C.V.
Calle Industria N° 82 - Colonia Nextengo - Delegación Azcapotzalco
Ciudad de México - C.P. 02070 México
granica.mx@granicaeditor.com
Tel.: +52 (55) 5360-1010. ⓒ 5537315932

CHILE
granica.cl@granicaeditor.com
Tel.: +56 2 8107455

ESPAÑA
granica.es@granicaeditor.com
Tel.: +34 (93) 635 4120

www.granicaeditor.com

ISBN 978-987-8358-14-7

Stivelberg, Alicia G.
   Manteniendo la familia y los negocios : transformar la zona de
conflicto en zona de acuerdo / Alicia G. Stivelberg. - 1a. ed. - Ciudad
Autónoma de Buenos Aires : Granica, 2020.
   216 p. ; 22 x 15 cm. - (Management)

   ISBN 978-987-8358-14-7

   1. Empresas Familiares. I. Título.
CDD 658.04

Índice

Agradecimientos

Mi primer agradecimiento es para mi compañero de toda la vida, Mario Wilhelm, con quien vivencié su familia empresaria.

A mis compañeras de la Asociación de Mujeres de Empresas Familiares de Argentina (AMEFA), que tuve el honor de presidir. Y a la promotora de la asociación, la Dra. Matilde Salganicoff.

Al apoyo del IADEF, ILAEF, CAME, FECOBA, GEMA y clientes que, además de haber respondido la encuesta, se ofrecieron voluntariamente a repartirla entre personas conocidas. Agradezco también a Natalia Christensen, Margaret Abbott, Elisabet Piacentini, Delia Raquel Flores y Beatriz del Carmen Tourn.

A Horwath Argentina, consultora internacional en la que fundé el Espacio para Familias Empresarias, y al especialista James Bieneman, de South Bend, Estados Unidos.

A mis colegas pioneros y actuales del IADEF-ILAEF, por el rico y generoso intercambio en capacitación e investigación.

A Ernesto Poza, a Eduardo M. Favier Dubois, a Eduardo Pestarino.

A mis clientes, por su confianza, y gracias a quienes pude desarrollar contenidos que están volcados en documentos y testimonios.

A Betina Bensignor, con quien comparto el amor por las palabras.

A mis padres, a mis hermanos, a mis ancestros.

A mis queridos hijos Leonel, Vanina y Johanna, a mi nuera Mariana y a mi yerno Federico.

A mis nietos Nicolás, Melissa y Julián.

Prólogo

Manteniendo la familia y los negocios es una muy elocuente y pensante reflexión por parte de una muy experimentada consultora de la empresa familiar en Argentina.

Si bien se dirige Alicia Stivelberg al empresario, a su próxima generación de familia, y muy en especial a las mujeres en esas familias empresarias, sus contribuciones también son de principal relevancia para los consultores de familias empresarias. Ya sean éstos financieros, asesores legales, psicólogos o estrategas, sus reflexiones, destiladas de años de estudio y práctica profesional, aciertan en educar y concientizar la práctica de estos profesionales en el seno de una familia empresaria. Tanto los modelos de la empresa familiar que ella comparte con nosotros como las perspectivas acerca del cambiante entorno social y tecnológico que ésta afronta nos pueden guiar, como consultores, en nuestra tarea de darles prioridad a ciertos temas y de acoplar otros con conceptos que ya utilizamos en nuestra profesión.

Como uno de esos consultores y profesores de universidad líderes en materia de empresa familiar y familia empresaria a nivel internacional, reconozco que *Manteniendo la familia y los negocios* me ofreció una nueva perspectiva sobre la evolución suscitada por cambios en el entorno legal y fiscal, por un lado, y por el creciente liderazgo de la mujer dentro del mundo de la empresa familiar, por el otro. A su vez, estas nuevas perspectivas me brindaron la oportunidad de ver mi frecuente rol de agente de cambio en estas empresas como el de un facilitador de la adaptación requerida para el éxito de estas familias empresarias de generación en generación.

Espero que, como yo, reciban la generosa contribución que realiza Alicia Stivelberg a la práctica moderna en la empresa familiar, de tal forma que sus propios diagnósticos e intervenciones en la empresa familiar sean apropiadamente sistémicos y sabiamente aprovechados, dada la importancia de la compleja, pero potencialmente tan beneficiosa, evolución en la relación familia-empresa.

Ernesto Poza[1]
1º de julio de 2019, Scottsdale, Arizona, EE.UU.

---

1 Profesor emérito, Global Family Business, Thunderbird School of Global Management. Miembro fundador de Family Firm Institute, miembro de la Junta y miembro senior. Socio fundador de E. J. Poza Associates, Inc. y family-business.com. Autor de siete libros, ediciones y numerosos artículos sobre empresa familiar.

Palabras liminares

Las empresas familiares forman una suerte de sistema solar, donde convergen como planetas las familias, las empresas y las formas jurídicas, en un espacio donde circulan a la manera de los cometas las emociones, los sentimientos, los valores y las actitudes.

A su vez, ese sistema solar se encuentra hoy dentro de un universo cultural en constante movimiento, signado por los cambios, y donde los valores y modelos propios de la "modernidad" se van transformando y configurando, por ahora, lo que se ha denominado como "posmodernidad", que por oposición implica valores y modelos distintos y flexibles.

Esos cambios impactan en las personas, las familias y las empresas, y en su entorno impregnado de tecnología en plena era digital. Es así como las sucesivas generaciones se van diferenciando entre sí, y la brecha entre abuelos, padres e hijos aumenta.

Al mismo tiempo, emergen en Occidente fuertes movimientos culturales como los relativos a cuidado del planeta, libertad de elección sexual e igualdad de género.

De todo ello resulta que un abordaje multidisciplinario de las empresas familiares, desde una posición que pueda atender los aspectos psicológicos, culturales y sociales en el mundo de hoy sea muy acertado, como ocurre con esta obra de la Licenciada Alicia Stivelberg, que hoy tengo el honor de co-prologar, junto con un destacado especialista internacional.

Su título, *Manteniendo la familia y los negocios. Transformar la zona de conflicto en zona de acuerdo*, es muy adecuado porque atiende a la idea central de la obra: para poder "mantener" a la familia y a los negocios, hay que poder "transformar" el conflicto en acuerdo.

Es así como la permanencia y el cambio se articulan, como si fueran el yin y el yang del equilibrio oriental aplicado a las empresas familiares.

Pero esa idea no tiene un desarrollo unitario, sucesivo y progresivo sino que se plasma en seis capítulos donde aborda, a partir de ciertos ejes, múltiples cuestiones que son analizadas considerando los aspectos emocionales, psicológicos y culturales que presentan las familias empresarias.

El libro comienza examinando la gestión de las emociones, sigue con la de los conflictos, y luego analiza los cambios, la sucesión generacional, los roles de las mujeres y la confianza en la profesionalización.

Su metodología es sumamente dinámica y atractiva, presentando preguntas, cuestiones, alternativas, propuestas, respuestas, pautas de acción, encuestas, estadísticas, formas de planificación, citas bibliográficas, cuadros sinópticos, esquemas y conclusiones.

También enseña cómo aplicar diversas herramientas, algunas novedosas y todas útiles, como son el genograma, los *Value Drivers*, las "anclas de carrera", el *storytelling*, el "telescopaje" y el "espacio con tutor®".

Me gustó mucho su planteo del dilema: ¿primero la empresa o primero la familia?, cuya resolución generalmente se inclina en forma destructiva para un solo lado, y para el que la autora propone un aristotélico "criterio equilibrado".

Me encantó la idea de desafío del *kaizen,* una palabra

japonesa que combina el "cambio" con la "bondad", que la autora traduce como una invitación a la conciencia social, la educación, el deseo de superación, la responsabilidad por la propia vida y la de los otros, el compromiso de hacer las cosas bien desde el comienzo y el deseo de optar por una mejor calidad de vida.

Debo agregar que este libro de mi apreciada amiga Alicia Stivelberg guarda absoluta coherencia con su experiencia de vida, con su formación multidisciplinaria y con la apertura de su pensamiento. De algún modo, es el reflejo de sí misma. Y un reflejo *kaizen* que celebro.

En definitiva, se trata de una obra original, de avanzada, y que, no lo dudo, será de gran utilidad para todos los profesionales vinculados a las empresas familiares, así como para los propios miembros de las familias empresarias, unidos en la tarea común de darles fortaleza y continuidad.

Eduardo M. Favier Dubois[2]
Buenos Aires, 5 de julio de 2019

---

2   Doctor en Derecho, Universidad de Buenos Aires (UBA). Abogado. Ex juez nacional en lo Comercial. Profesor titular de Derecho Comercial en la Facultad de Derecho (UBA). Ex presidente del Instituto Argentino de la Empresa Familiar (IADEF). Presidente del Instituto Latinoamericano de la Empresa Familiar (ILAEF). Consultor independiente. Autor de libros, obras colectivas y publicaciones.

Introducción

Les voy a contar un sentimiento: mi historia de empresa multifamiliar.

Cuando tenía 18 años, conocí a mi futuro esposo, cuya familia tenía La Fábrica Hnos. SACII. Hacían allí telas y confeccionaban pantalones que tenían cierta fama por esos años.

Recuerdo el galpón, los telares, los conos, los hilos, el ruido de las máquinas. Para mí, es la savia que se mezcla con la sangre de los textiles y produce una clase muy especial de personas. Esas que tocan las telas, las texturas, el peso, la calidad.

Es una sensación, un tacto, una sensibilidad que dura toda la vida.

A un empresario textil le oí afirmar: "es como que uno les pusiera pelusa en la mamadera".

Mi marido suele decir: "nací en un cajón de hilado", recordando cuando jugaba haciendo construcciones, en ese entonces con conos de madera, en el fondo del galpón. Hoy, nuestro nieto más chico juega con conos de plástico...

En este libro, comparto un tema de dimensión compleja que está atravesado por componentes bio-psico-sociales, económicos, simbólicos y culturales.

Veremos para qué sirve identificar y diferenciar en las empresas familiares (EF) las distintas etapas evolutivas personales, familiares y de la empresa; para qué conocer las distintas habilidades requeridas para cada etapa de crecimiento, saber qué está en primer lugar en la empresa o en la familia y fijar las prioridades; cómo lograr una empresa familiar saludable, a través de la planificación Total-Salud Total como instrumento que ayuda a los dueños de negocios familiares y a sus familias a alcanzar el éxito y la continuidad.

La empresa, ¿es para mí o quiero que me trascienda?

Cuando realizo talleres, me gusta escuchar tangos de Astor Piazzolla, entre ellos, *Primavera porteña*, *Verano porteño*, *Otoño porteño* e *Invierno porteño*. Los uso como metáforas que aluden a:

- Nuevos brotes o retoños.
- Mucho calor en la convivencia.
- Cuando empiezan a caer las hojas.
- Cuando se necesita regenerar y nutrir para la nueva temporada.

Mencionaremos dos sorprendentes conclusiones.

En primer lugar: se estima y en muchos casos se deduce de serias investigaciones que las empresas familiares constituyen, en todos los países, la principal forma de actividad comercial, sin importar su tamaño.

En segundo lugar: que tanto los desafíos como las metas que enfrentan los dueños y sus familias son los mismos en todo el mundo. Pueden diferir los patrones culturales, las leyes tributarias, las prácticas comerciales, pero las motivaciones, los desafíos y las satisfacciones de las empresas familiares son prácticamente idénticos en los cuatro puntos cardinales.

Las empresas familiares se parecen. En muchos aspectos, son como cualquier otra: producen bienes y proporcionan servicios.

Sin embargo, la empresa familiar es única en un aspecto clave: directores, managers y empleados comparten, además de una relación familiar, normas éticas en su lugar de trabajo, así como los conflictos inevitables que existen entre las dimensiones emocionales que rigen la vida familiar y la naturaleza más objetiva de la gestión empresarial.

Es conocida la dificultad de continuidad de las empresas familiares. Esta situación debe ser remediada.

¿Qué se debería hacer para evitar o prevenir la desconsoladora estadística de 87 de cada 100 empresas familiares que desaparecen en la tercera generación? Solo 13% trascienden este paso.

Cerca de un 70% de empresas tiene una expectativa de vida de alrededor de treinta años, es decir, el promedio de ejercicio de su cargo de un/a fundador/a.

Sabemos, con respecto a Estados Unidos, que la empresa familiar es el sueño americano: la mayoría de los dueños, en la medida de lo posible, prefiere pasar sus compañías a la siguiente generación de miembros de la familia.

En Gran Bretaña y en otros países europeos, en cambio, la preferencia puede consistir en vender la empresa familiar a un socio o a un asociado, fuera de la familia. Tanto en países europeos como en americanos, las EF se estiman entre el 70 y el 90 % del total de empresas del país.

Además, producen entre el 40 y el 50% del PBI del país y representan aproximadamente un 40% de la fuerza laboral del país.

Hoy, en Argentina, nuestras empresas son fundadoras, herederas y sucesoras: han superado el esfuerzo de "vivir", hacer y confiar.

En un alto porcentaje son de estructura familiar, esenciales para la prosperidad del país, provenientes de una absoluta mayoría de inmigrantes, y se plantean su continuidad, su transformación como sistemas dinámicos con un ciclo vital propio, con retos y consecuencias singulares, según las diferentes necesidades y los distintos desafíos que surgen a lo largo de las sucesivas fases de evolución de su organización y del contexto.

Empresas multifamiliares, comunicación, gestión de las emociones y aspectos transgeneracionales

Al Círculo de Fuego;
los que ya se han ido,
los que están presentes,
y los que aún tienen que llegar.
MIGUEL RUIZ[3]

Introducción

En este trabajo comparto reflexiones sobre la transmisión transgeneracional, surgidas de la práctica en el asesoramiento a familias empresarias, algunas de las cuales han atravesado situaciones traumáticas en el pasado. La repetición de estas situaciones también se despliega en la consultoría.

Por eso resulta fundamental mirar a la familia empresaria inmersa en el contexto de las generaciones, integrando los aspectos individual y grupal, familiar e institucional,

---

3   Ruiz M.: *Los cuatro acuerdos*, Ediciones Urano, Barcelona, 1998.

consciente e inconsciente, el pasado y el presente, y el tiempo como una red de significaciones.

La historia no es el pasado. La historia es el pasado historiado en el presente. Integrando y resignificando acontecimientos transgeneracionales, es posible lograr un efecto positivo en la actualidad.

Existimos como individuos y como miembros de una cadena de generaciones que cumple los objetivos del grupo y de la especie sin nuestra voluntad consciente. Nuestro impulso por transmitir está ligado a la conservación y la continuidad, y constituye el inconsciente hereditario, la cultura de los sucesores. La comunicación es una necesidad humana esencial: transmitir y compartir ideas, experiencias, vivencias, expresar sentimientos y emociones, preguntar acerca del mundo y de la necesidad de nombrarlo y dotarlo de significado.

La familia es el grupo primario y el espacio originario de la intersubjetividad, donde se hereda la formación de ideales, identificaciones, representaciones, creencias que se transmiten (consciente o inconscientemente) de generación en generación. Esto contribuye al sentido de pertenencia mediante reglas, prohibiciones, funciones y roles familiares. El nombre nos anticipa y el apellido, no lo elegimos, proviene de nuestros ancestros, nuestros antepasados.

Tenemos una prehistoria vincular y emocional constituida por dos linajes: el materno y el paterno. Podemos ser prisioneros de ella o transmitirla e incrementarla con nuevos aportes. La transmisión transgeneracional estudia la manera en que se repiten, de una generación a otra, patrones relacionales, modelos de vínculos, que a veces solo pueden comprenderse con la reconstrucción de fragmentos de la historia familiar. Estas transmisiones pueden afectar a dos, tres o más generaciones.

Oda transgeneracional

Viajes cruzando mares, nuevas familias, otras, dejadas
Despedidas desgarradoras, nuevos encuentros
secretos no contados, palabras no dichas,
pensamientos no pensados
Innombrables
Brechas, vidas, muertes, enfermedades, estafas,
vergüenzas, miedos
Alegrías, triunfos, peleas, discordias, expulsiones,
repeticiones
Relatos, relaciones peligrosas, vínculos
Valores, sueños, mandatos, metas y mitos
Pérdidas, fracasos, logros
Uniones, separaciones
Olvidos, recuerdos

Empresas familiares y transmisión generacional

Por primera vez en la historia, cuatro generaciones pueden coincidir en el mismo tiempo y espacio de trabajo gracias a cambios culturales, productivos, tecnológicos y demográficos, y a las condiciones de salud de las personas. Esto es la diversidad generacional. Un 85% de los profesionales puede relacionarse con al menos tres generaciones distintas en su lugar de trabajo.

En nuestra tarea como consultores, ¿podríamos afirmar que la empresa familiar multigeneracional integra lo económico, lo social, lo ambiental, el legado con el respeto que merece lo multicultural?

El multilenguaje implica intercambiar conceptos sobre las problemáticas del ser humano, los grupos, sus situaciones actuales, sus objetivos. Trasciende la profesión, por lo que resulta necesario integrarlo a nuestros aprendizajes profesionales.

En el equipo asesor también es necesario contemplar la posibilidad de abordar una misma temática para transmitir y retransmitir, en distintos lenguajes, vivencias y experiencias a fin de maximizar la comprensión. El encuentro de personas que utilizan diferentes modalidades y formatos de trabajo genera y recrea aprendizajes desde varias ópticas.

Todo está incluido en la historia familiar, nadie se "salva". Nuestro pasado es un lugar seguro, nuestra firmeza es nuestra base y al mismo tiempo nuestro trampolín. Pero no es solo nuestro propio pasado inmediato, sino también el de nuestros antepasados.

¿Qué es lo que me viene del otro?, ¿cómo reconocerlo?, ¿qué me es transmitido y que transmito yo?, ¿qué me beneficia o qué me arrasa?, ¿de qué puedo o no llegar a ser heredero? Y lo que me viene de algunos otros, ¿cómo reconocerlo, en esta realidad psíquica compartida, mi propia subjetividad? ¿Qué trabajo psíquico impone aquello que es transmitido?

Hay una transferencia que se relaciona con la historia de nuestros padres y otra que se relaciona con nuestra prehistoria, es decir, con nuestros antepasados. El debate se inscribe entre la ilusión de lo individual –fantasía de una autoproducción de uno mismo– y la ilusión de lo grupal en una red de producciones recíprocas.

Lo que se transmite sería preferentemente lo que no se retiene, lo que no se recuerda: la culpa, la enfermedad, la vergüenza, lo reprimido, los objetos perdidos y aun en duelo. Pero no es solamente algo de lo negativo, sino también aquello que asegura las continuidades, el mantenimiento de los vínculos, ideales, mecanismos de defensa, identificaciones, certezas, dudas. Por eso, las situaciones plurisubjetivas, como son los grupos, son sus dispositivos de transformación.

Es necesario conocer el ciclo vital de la empresa y del negocio, relacionarlo con la historia del fundador y de su familia, para diagnosticar y acompañar el crecimiento y la planificación. Para ello, las preguntas habituales son:

¿Quiénes somos?
¿Qué queremos ser?
¿Qué podemos ser?
¿Qué debemos ser?

A las que agrego:

¿Quiénes fuimos?

Tiene que haber una energía, una acción para una construcción. Existo, luego lo pienso, lo construyo:

¿Por qué lo hago?, ¿como legado a mis hijos?
¿A mis nietos?
¿Y los que están por venir?
¿Porque ya formo y formaré parte de sus propios genogramas?

Las empresas familiares se diferencian en un aspecto material de otras empresas: a la complejidad de dirigirlas se suman las tensiones de las relaciones familiares, siendo su punto crítico la transición generacional.

La transmisión generacional está ligada a un proceso de vida, de continuidad y trascendencia, de no disrupción. Se trata de un proceso entre dos generaciones y es la continuidad de una convivencia que no se termina en un hecho puntual sino que se continúa hacia adelante y en presencia.

Desde arriba hacia abajo se transmiten los modelos a las generaciones venideras y al resto de la organización.

Gestión de las emociones

La empresa familiar suele volverse más compleja con el paso del tiempo y específicamente con la transición de una generación a otra. Los factores emocionales aumentan en torno del compromiso familiar con la empresa.

La "carga emocional" de los problemas no resueltos que quedan de la generación precedente cobra demasiada importancia y se traslada a otra generación. Por ejemplo: si un hermano piensa que ha sido engañado por otro hermano y esta cuenta no ha sido "saldada" durante su vida, cuando la generación siguiente asuma el control, el resentimiento y el encono persistirán. Los hijos de estos hermanos estarán afectados de alguna manera por esto en sus conductas, lo que provocará reacciones emocionales conscientes o inconscientes.

Figura 1. Triángulo de las 3 R - Parte 1

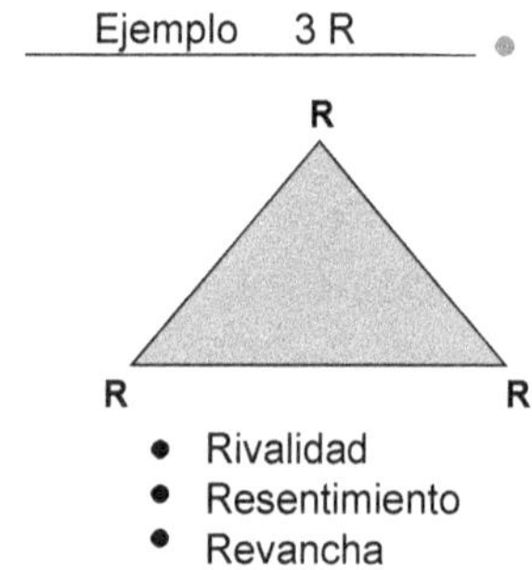

A este ejemplo podemos llamarlo "triángulo de las tres erres", cuyos vértices son Rivalidad, Resentimiento y Revancha. Estas reacciones emocionales pueden afectar la eficiencia de la compañía.

No tratemos a los sentimientos como buenos o malos[4]. Observemos el efecto de onda expansiva de nuestras

---

4   Cualquiera puede enojarse, eso es fácil. / Pero enojarse con la persona adecuada, / En la medida correcta, / En el momento adecuado, / Para el propósito correcto, / Y en la manera correcta, / Esto no es fácil. (Aristóteles)

emociones, aprendamos de su malestar, a sentir las emociones físicamente, a saber quiénes y qué nos saca de las casillas, mirémonos a nosotros mismos como un halcón.

Figura 2. Triángulo de las 3 R - Parte 2

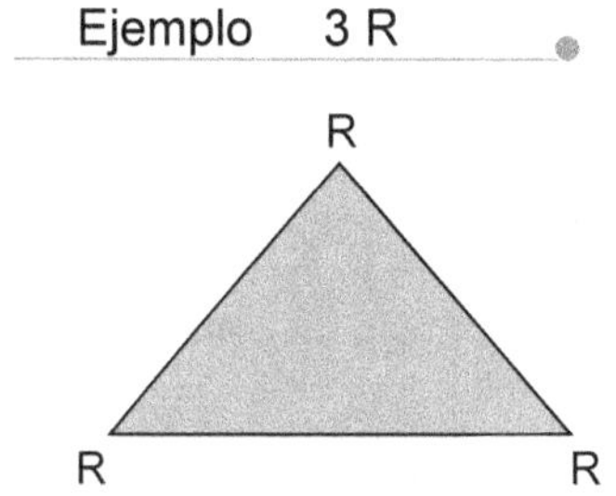

Nosotros tenemos la oportunidad de transformar estos sentimientos en otras tres erres: Respeto por sí mismo, Respeto por los otros y Responsabilidad por todas nuestras acciones[5].

El modelo CAVA[6]

Se trata de un modelo conceptual que agrupa cuatro conjuntos de principios, estructuras y reglas de acción (Figura 3) que tienen en común las familias propietarias de empresas multigeneracionales exitosas.

---

5   La inteligencia emocional es nuestra habilidad para reconocer y entender emociones en nosotros y en otros. Es nuestra habilidad para usar esa capacidad con el propósito de gestionar nuestra conducta y nuestras relaciones.

6   El modelo CAVA ha sido desarrollado en los años 2006 y 2007 por los profesores M. A. Gallo, S. Klein, D. Montemerlo y S. Tomaselli, con la colaboración de K. Cappuyns, y fue presentado en IFERA Conference, Frankfurt, del 21 al 23 de junio de 2007.

Figura 3. Acróstico CAVA

Comprometido
Activo
Virtuoso
Avanzado

Comprometidos y **activos**: compromiso con la búsqueda de la unidad y con el profesionalismo en el desempeño de las actividades que, en la familia propietaria y en la empresa familiar, a cada uno sucesivamente le corresponden a lo largo del tiempo.

Virtuosos: en el sentido del buen ejercicio de su libertad, por el incremento de conocimientos y la consolidación de su fuerza de voluntad; del esfuerzo por alcanzar las virtudes de los buenos gobernantes y cumplir con las responsabilidades sociales de los propietarios.

Avanzados: en el sentido de su disposición para buscar las verdades siempre válidas y, tanto en lo personal como en lo grupal, para cambiar formas de actuar que resulten inadecuadas.

El modelo CAVA (Figura 4) se representa gráficamente de la siguiente manera:

Figura 4. Modelo CAVA

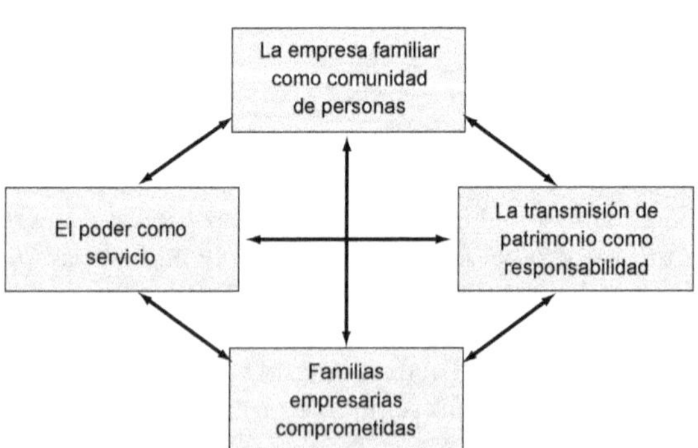

Llegar a ser una empresa multigeneracional, propiedad de una familia unida, es un objetivo a proponer a las empresas familiares. Para su consecución, es necesario verla como una comunidad de personas, lograr el compromiso de los miembros de la familia con su desarrollo, ejercer el poder con moderación y transmitir en forma responsable la propiedad.

Herramientas

Los instrumentos que se detallan a continuación son algunos de los que utilizo en la consultoría.

Genograma

¿Cómo conocer mejor la historia familiar y ancestral de un individuo? Utilizo el genograma, o genosociograma, como un punto de partida que ofrece los datos necesarios para entender y trabajar en el importante legado que dejaron los ancestros.

En los relatos transgeneracionales, puede haber situaciones que se idealizan o se condenan. Los genogramas son una herramienta útil para replantear conductas, relaciones y conexiones de tiempo en una familia, y para normalizar la percepción que la familia tiene de sí.

El genograma:

- Informa acerca de ciertas normas y determinados valores familiares.
- Informa acerca de la relación entre un problema y su contexto familiar.
- Pone en evidencia cómo un problema puede repetirse y/o evolucionar a través del tiempo y entre varias generaciones.
- Facilita que una persona se reconozca como inte-

grante de una cadena transgeneracional que la ha determinado y que también le ha brindado ciertas posibilidades.
- Permite rastrear un problema a través del tiempo y señalar nuevas opciones para el futuro.
- Invita a realizar una lectura horizontal o vertical de una problemática.
  - Horizontal: ver qué lugar tiene una dificultad en determinado contexto.
  - Vertical: entender cómo fue evolucionando a través de las generaciones.
- Permite visualizar situaciones críticas y momentos de cambio.

A través del genograma van tomando forma reconocible ciertos mitos familiares. Ayudamos a captar su lógica y a encontrar historias que son verdaderas, pero que al haber sido calladas o ser secretas quedaron inscriptas en un marco de irrealidad que confunde. Además, permite visibilizar lealtades, redes de identificación, creencias y valores.

A partir de esta comprensión, es posible cambiar la manera de pensar y pensar-se.

- Lo estructural representa la arquitectura o la anatomía familiar.
- Lo funcional aporta la visión dinámica, indica las interacciones familiares, laborales y corporales (por ejemplo, enfermedades recurrentes).
- Lo transgeneracional da cuenta de los sucesos pasados que le llegan a la persona, prácticamente en forma inconsciente.
- Lo intergeneracional tiene que ver con los relatos o decires de familiares contemporáneos.

Value Drivers (VD)[7]

Esta herramienta es una tecnología que permite detectar el potencial de desarrollo de las personas y los equipos, a partir de la estructura de valores, las orientaciones laborales y el estilo de pensamiento que se integran y unifican en el perfil de cada persona.

Aparecen desde los valores conductores, el aspecto volitivo del ser humano, desde los estilos de pensamiento, las funciones cognitivas y desde las anclas de carrera, las orientaciones laborales de cada persona.

Los **valores** son aquellos que dan una profunda significación a los actos que realizamos. Desde la estructura de los valores se sustentan las acciones y decisiones en cada momento. Las personas poseen una estructura de valores propia, que se va adaptando levemente en los distintos ciclos vitales, influenciada por las diversas experiencias a las que están expuestas.

Figura 5. Valores

---

7   Cuestionario diseñado por Crowe Horwath Argentina.

Los **estilos de pensamiento** se basan en los tipos psicológicos de Carl G. Jung, quien sostenía que estos marcan las actitudes habituales de las personas. La actitud es una disposición psicológica por la que tendemos a obrar en una cierta dirección. Esta actitud natural hacia una determinada manera de ser o razonar es denominada preferencia. Las competencias, en cambio, son adquiridas, pueden desplegarse en todos los estilos, si bien la *competencia preferida* es aquella que hemos desarrollado en nuestro estilo natural. Por lo tanto, decimos que logramos la efectividad máxima cuando desarrollamos competencias en nuestras áreas de preferencia.

Figura 6. Estilos de pensamiento

Las **anclas de carrera** permiten identificar y comprender aquellos aspectos de la personalidad de un individuo que lo orientan hacia una determinada trayectoria acorde a sus preferencias y valores. Son la fuente de estabilidad que permiten el crecimiento y el cambio en otras áreas.

Edgar Schein[8] sostiene que: "El ancla está sustentada en la propia experiencia laboral y/o en la necesidad de la persona de desarrollarse profesionalmente en esa línea de acción". Poder integrar su orientación de carrera a sus valores

---

8 Psicólogo social suizo-estadounidense, considerado una autoridad en psicología de las organizaciones y el padre del desarrollo organizacional.

y estilo mental le permitirá alinear estos aspectos y alcanzar la efectividad personal y profesional.

Figura 7. Anclas de carrera

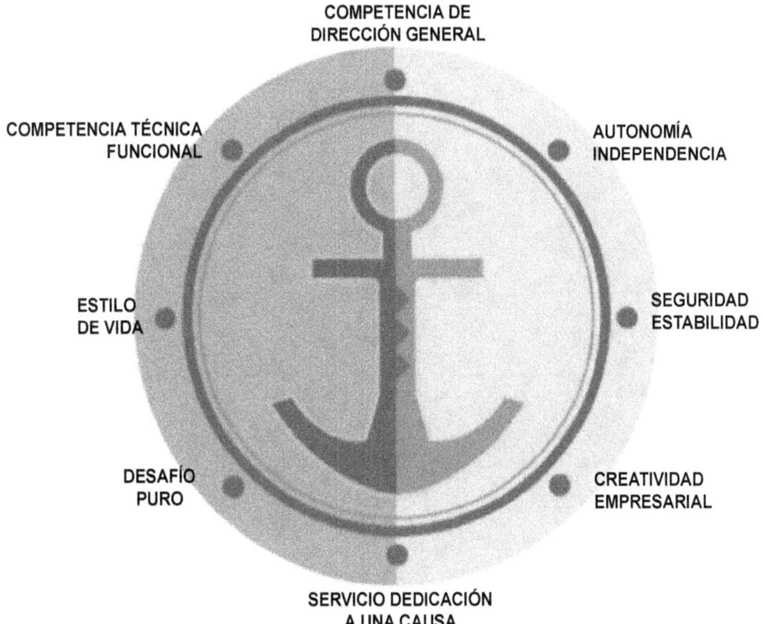

Figura 8. Mapa de equipo

ESTILOS DE PENSAMIENTO
Ubicación de los integrantes del equipo en la estructura
de cuatro cuadrantes de *Value Drivers*

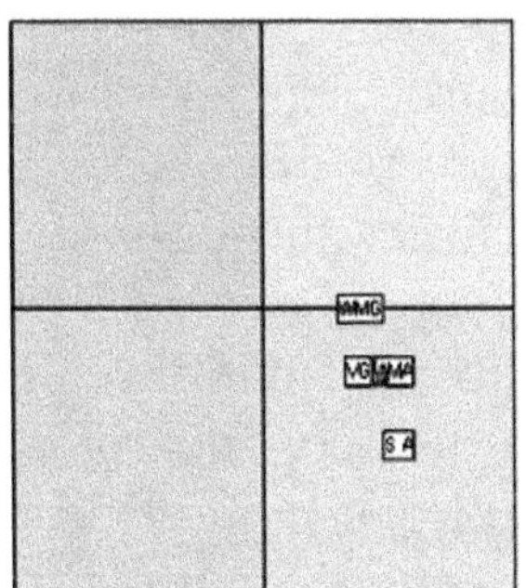

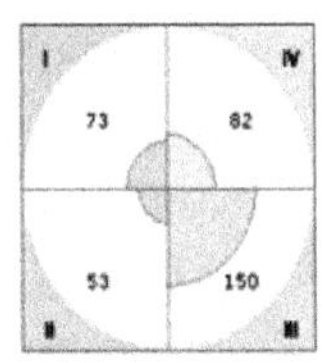

Figura 9. Aplicaciones del *Value Driver*

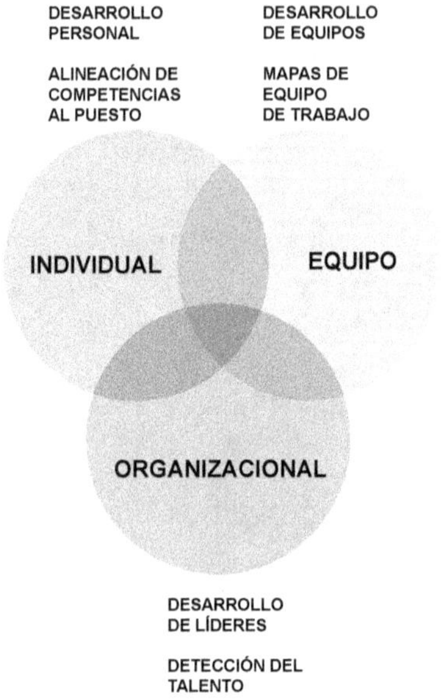

DESARROLLO
PERSONAL

DESARROLLO
DE EQUIPOS

ALINEACIÓN DE
COMPETENCIAS
AL PUESTO

MAPAS DE
EQUIPO
DE TRABAJO

INDIVIDUAL

EQUIPO

ORGANIZACIONAL

DESARROLLO
DE LÍDERES

DETECCIÓN DEL
TALENTO

Storytelling

El *storytelling*, o narración de historias a través de palabras y/o imágenes, permite integrar lo racional con lo emocional. Es útil para conocer los orígenes de la cultura de la empresa, su evolución, sus vicisitudes, para conectar el pasado con el presente y visionar el futuro.

Las narrativas tienen una clara explicación evolutiva. Los humanos siempre buscamos el sentido de lo que experimentamos. Aquellos de nuestros antepasados que entendían estas relaciones tenían más posibilidades de sobrevivir y de pasar a otras generaciones su material genético y vivencial.

El cerebro funciona como una máquina de anticipación. El *storytelling*, aunque utiliza con flexibilidad la memoria explícita accesible, también está influido por la más reflexiva recuperación de los recuerdos implícitos.

Telescopaje

El término telescopaje, tomado de la medicina y luego utilizado en psicoanálisis designa el proceso por el cual se transmiten sucesos muy significativos que impactarán de una generación a otra.

¿Cómo aparece lo transgeneracional?

El telescopaje, neologismo introducido por Haydée Faimberg[9], aborda la cuestión de la procedencia del otro y de otros en el destino del sujeto. El desafío de dar cuenta de la vida psíquica se define cada vez más necesariamente en el espacio intersubjetivo, y más precisamente en el espacio y el tiempo de lo generacional, de lo familiar y de lo grupal.

El telescopaje de las generaciones implica un tiempo circular y repetitivo donde existe un sentido pero no se sabe cuál es. Es como tener una cerradura pero no la llave, que cada uno tiene la posibilidad de buscar.

En la práctica se ha observado que el hecho de incluir su historia familiar transgeneracional en la biografía personal de un cliente nos ayuda a comprender mejor determinadas reacciones desproporcionadas, fracasos repetidos o emociones desbordantes de los que de otra manera resulta imposible hallar explicación.

En muchos casos, estas conductas parecen estar determinadas por la historia psicológica de generaciones anteriores. Acontecimientos del pasado pueden afectar a varias generaciones posteriores, dependiendo de la interrelación de lo genético con lo ambiental, el estrés, la alimentación, entre otros factores.

Abordaje de supervisión Espacio con tutor®

Desarrollé este modelo de abordaje de supervisión, que consiste en un grupo interdisciplinario de reflexión para el cui-

---

9   Faimberg, H.: *El telescopaje de generaciones. A la escucha de los lazos narcisistas entre generaciones.* Amorrortu, Buenos Aires, 2006.

dado del consultor de empresas familiares. Lo presenté en el VI Seminario Internacional para Consultores de Empresa Familiar en el IADEF-ILAEF, en marzo de 2017, con muy buena repercusión dada la necesidad de un espacio con esas características.

Se entiende aquí como una herramienta individualizadora y personalizada, que tiende a reconocer la variedad o diferencia del consultor en una práctica profesional saludable, en un espacio confidencial de intercambio, encuentro, guía, cuidado y apoyo, a transitar en forma grupal.

Los objetivos son:

- Proporcionar un ambiente seguro en el que los consultores puedan hablar con confianza y administrar los sentimientos que surgen cuando se relacionan con sus clientes en forma continuada.
- Estimular a percibir a sus clientes de empresas familiares como seres humanos con una vida y con relaciones fuera del proceso o consulta.
- Compartir un espacio donde cuidar la calidad del vínculo consultor-familia empresaria.

Conclusiones

La vida puede comprenderse mirando hacia atrás,
pero solo vivirse mirando hacia adelante.

Toda la familia vive en nuestro interior tal como cada miembro en ella lo experimentó e internalizó. Puede ser útil imaginar a toda la familia que habita en nuestro interior en un mismo espacio y cómo abrazaríamos a cada miembro, con una comprensión compasiva, entendiendo que han hecho lo mejor que podían, según sus mundos interiores y la calidad del apoyo recibido.

¿Cómo hacer que nazca un tiempo personal, un tiempo propio?

Perdonar y pedir perdón. Perdonarse.

Liberarnos del peso de los agravios recibidos o que otros nos atribuyen:

– ¿cómo perdonar el abandono de mi padre cuando era chico?,
– ¿cómo perdonar el juicio laboral que me hizo mi hermano?,
– ¿cómo perdonar la deslealtad de mi mejor amiga?

Si permití que provocaran heridas, profundo dolor, ira, rencor:

– ¿cómo perdonarme?

Porque siento que esto vuelve a mi mente mil veces en forma destructiva, me digo: el perdón es solo sentido común.

El odio corroe el cuerpo.

El poder del perdón disminuye los síntomas físicos del resentimiento prolongado: dolores de cabeza, artritis, acidez, cálculos biliares, incluso senilidad.

El perdón es, en última instancia, un misterio: puede darse con o sin reconciliación. Con o sin reanudación del amor o el contacto.

No se debe confundir el perdón con volver a tener la confianza que requiere la reconciliación.

El viaje más largo es el que lleva de la cabeza al corazón. El perdón, un atajo.

No creo que se deba olvidar el hecho después de haber perdonado, pero se puede olvidar la carga emocional del recuerdo. Aquello nos libera de reproducir la escena que hiere. Eso es soltar el dolor.

Perdonar no es un sentimiento, es un acto de voluntad, ¡una decisión!

¿Cómo perdonar lo imperdonable?

No tiene que ver con quién tiene la razón y quién no.

Si pedimos perdón, podríamos ser rechazados. Exponernos es solo para valientes.

El arrepentimiento verdadero refuerza la autoestima.

Actualmente pueden coincidir hasta cuatro generaciones en la empresa multifamiliar. ¿Qué lugar tienen, en ese contexto, lo individual y lo grupal, lo familiar y lo institucional, lo consciente y lo inconsciente, el tiempo como red de significaciones?

Nuestro impulso por transmitir está ligado a la conservación y a la continuidad, y constituye el inconsciente hereditario, la cultura de los sucesores.

Los invito a conocer el ciclo vital de la empresa y del negocio, a relacionarlo con la historia del fundador y de su familia, para diagnosticar y acompañar el crecimiento y la planificación con una mirada integradora.

CAPÍTULO II

Manteniendo la familia y los negocios

*La paz no es la eliminación de las diferencias
sino simplemente el manejo constructivo de las mismas.*
WILLIAM URY,
Profesor de Negociación, Harvard Law School

Introducción

Como decía James Bieneman[10], destacado especialista de
Horwath International en el tema:

> Las empresas familiares y sus dueños son como un barco
> que navega río abajo. Un barco con un capitán, tripula-
> ción, pasajeros de negocios y algunos que planean ir solo
> por el paseo. Es necesario fijar el rumbo lejos y hacia ade-
> lante, evaluar, planear y navegar con el mayor cuidado; los
> ajustes se harán a medida que sea necesario a fin de garan-
> tizar una feliz llegada a destino.
> Algunas veces, durante el viaje, se presentan corrientes,
> arrecifes ocultos y eventualmente alguna tormenta o bo-
> rrascas. Las personas a bordo tienen entonces dos opcio-

---

10 James N. Bieneman (1941-2015), MBA de la Tuck School of Business.

nes: bajarse en algún puerto o jugársela con el resto de la tripulación y lidiar con las dificultades en alta mar.

De esta manera, al final del viaje nadie se puede sentir como un simple pasajero.

Nunca pueden separar sus vidas de las circunstancias que rodean a la empresa. Hay riesgos personales y comerciales que hacen que la planeación se convierta en el instrumento de navegación para la empresa familiar y para todos los que se hallan a bordo.

¿Por qué los conflictos son inevitables?

La empresa familiar en Argentina, hoy, es el bote en el río; los dueños y los miembros de la familia son la tripulación, que en ocasiones encara situaciones fuera de su control. La empresa familiar se presenta a veces como frágil y es cuando tanto el negocio como sus dueños se enfrentan a cambios.

Los desacuerdos entre dueños, familiares y gerentes de las empresas familiares son inevitables, y los conflictos mayores están siempre a la vista, ya que los miembros están unidos por lazos comerciales y familiares. Ellos son los primeros interesados en superar cualquier discusión: como su "territorio" incluye su ego y sus sentimientos, si un miembro siente que su espacio ha sido violado, el recuerdo de esta situación se mantiene fresco y el resentimiento puede durar toda la vida.

Por eso, nunca hay que dejar que los problemas de la empresa familiar se consoliden. Es recomendable afrontarlos a tiempo, ya que después se pueden volver de difícil solución.

Según Peter Leach[11], el *negocio de familia* es la combinación de dos modelos o dos lógicas: la familiar y la empresarial. La intersección de estos dos conceptos considerados

---

11 Leach, Peter: *La empresa familiar*, Ediciones Granica, Barcelona, 1993, pp. 50-51.

como sistemas crea una zona de conflicto por las relaciones entre los individuos de cada sistema, a la cual trataremos de convertir en zona de acuerdo. Este solapamiento es inevitable porque estos son realmente sistemas interdependientes.

Este cruce genera fantasmas y temores. Por ejemplo, que la familia se meta en la compañía y la desorganice, o que la compañía devore a la familia y la disperse.

Una posible solución consistiría en desarrollar ambos sistemas con una distancia óptima entre ellos.

El **sistema familiar** es básicamente emocional respecto de sus miembros, vinculados por profundos lazos afectivos que pueden ser positivos y negativos. Estos lazos, y en buena medida las conductas en las relaciones familiares, están influenciados por el subconsciente. Por ejemplo: la pulsión de dominio entre hermanos, la de los padres de ser más fuertes que sus hijos, y así sucesivamente.

- El sistema familiar también suele ser introvertido, orientado hacia adentro, donde se cultivan los altos valores, sobre todo la lealtad[12], la protección y la educación de sus miembros.
- Además, existe una estructura conservadora que actúa para minimizar el cambio y mantener intacto el equilibrio de la familia.
- La pertenencia de sus miembros es permanente.

El **sistema empresarial**, por otro lado, se basa en el cumplimiento de las tareas.

- La pertenencia de sus miembros es temporaria.
- Está construido en torno de las relaciones contractuales, donde el personal accede a trabajar a cambio de una remuneración convenida.

---

12 Lealtad: fibras invisibles pero resistentes que mantienen unidos fragmentos complejos de conducta relacional.

- En la mayoría de los casos, la conducta está conscientemente determinada.
- Además, este sistema está orientado hacia el mundo exterior (extrovertido) toda vez que produce bienes y servicios para el mercado, mientras enfatiza el rendimiento y los resultados, es decir, la competencia y la productividad de sus miembros.
- Por último, a fin de asegurar su supervivencia, el sistema empresarial promueve y aprovecha el cambio en lugar de minimizarlo.

En las empresas colectivas, estos dos sistemas básicamente incompatibles actúan de forma independiente. En las firmas familiares, en cambio, no solo se superponen, sino que son realmente *inter*dependientes. Sus objetivos y prioridades diferentes producen las tensiones características que existen en las compañías familiares, y allí donde se superponen, crean serios inconvenientes para el fundador y para los demás miembros de la familia.

Diferenciar la familia de la empresa familiar y su manejo

Las líneas definitorias que separan a una familia de una empresa de familia, inevitablemente se dibujan y superponen. Es casi como si los términos familia y empresa de familia fueran contradictorios. Los negocios deben conducir a utilidades, mientras que las familias existen y se mantienen por razones personales.

Las compañías cambian personal y cuadros de mando cuando se hace necesario, mientras que no es posible destituir a un hermano o una hermana de la familia y muchas veces ni siquiera de la empresa, hasta el punto en que una conducta aberrante de un miembro de familia, inaceptable en cualquier otra parte, se vuelve tolerable y tolerada en la empresa familiar.

Más aún en negocios, los cuadros de autoridad y los procesos de decisión son generalmente claros, pues existen criterios de acción y consecuencias que enfrentar; en una familia, no existen parámetros claros para compensar una contribución especial al bienestar familiar.

Abundando en el potencial de confusión, los roles individuales cambian según las acciones que desempeñen en casa o en la oficina. Uno de los padres, por ejemplo, puede ser el absoluto tomador de decisiones en el trabajo, en asuntos que afectan las operaciones diarias de la compañía; mientras que un cónyuge que nunca pone un pie en el negocio puede ser de gran influencia para decidir un nombramiento importante o hasta la venta de la empresa.

Un padre de familia conocido por sus decisivas opiniones y su agilidad mental, y cuyo éxito en su línea de negocios es legendaria, respondió así a la pregunta sobre cuál de sus varios hijos debería ser el sucesor: "yo no sé, pero con seguridad mi esposa sabrá", y así sucedió. Lo que realmente quiso decir fue algo así: "lo relacionado con un sucesor es algo que toca el corazón mismo de nuestra relación familiar y cuando se llega a ese punto, mi esposa es la que manda".

Ocurrió de este modo en este caso y también en muchos otros de empresas de familia.

Incluso los hermanos tienen roles complejos en la familia y en el negocio. Cuando hay hijos pequeños, los hermanos mayores ocupan generalmente los puestos directivos. Cuando los pequeños crecen y se vinculan con la compañía, se replantean estas situaciones dentro de la empresa. Salen a la superficie factores de competición que estaban latentes durante la adolescencia, en especial cuando los padres o los hermanos mayores no ofrecen oportunidades, no aceptan que los menores han madurado y adquirido habilidades que pueden ser útiles.

Figura 10. Complejidad de las relaciones familia-empresa

¿Qué está primero: la familia o la empresa?

El hecho de considerar el compromiso familiar como un factor negativo no debería hacer pensar que no existen ventajas asociadas a la relación familiar. Sin embargo, en este sentido, es necesario destacar la influencia negativa del excesivo traspaso de valores, ya sea de la familia a la empresa o a la inversa[13].

Los valores familiares en la empresa

Las respuestas a las preguntas acerca de cómo evaluar el rendimiento empresarial de los miembros de la familia, cómo transferir el poder y, en caso de ser necesario, cómo compartir la propiedad de la empresa, pueden ser muy

---

13 Leach, Peter: *La empresa familiar, op. cit*, 1993, pp. 51-55.

diferentes según se consideren las cosas desde el punto de vista familiar o empresarial; en síntesis: ¿primero la familia o primero la empresa?

Ejemplos comunes de algunas soluciones encaradas desde el punto de vista familiar son:

a) Se espera que los hijos adultos se incorporen a la empresa familiar y le consagren sus vidas laborales, sin importar su aptitud, sus habilidades o inclinaciones.

b) El nepotismo[14] puede conducir a un sistema de gestión que privilegia las políticas familiares a expensas de todo lo demás. Esto puede colocar a la compañía en una desventaja competitiva, dando cabida (hasta el nivel más alto) a miembros incompetentes de la familia y desalentando a los *managers* que no pertenecen a ella.

c) Algunas familias determinan que todos sus miembros deben percibir igual remuneración, sin importar sus habilidades ni sus contribuciones. Otras pagan a los parientes más de lo que merecen o, alternativamente, menos, sobre la base de que ellos están obligados a contribuir a la empresa familiar y el dinero debe ser una preocupación secundaria.

d) La rivalidad infantil entre hermanos puede derivar en una lucha interna y convertirse en una fuerza destructiva que haga peligrar la supervivencia de la firma familiar.

e) El principio de que los hijos deben ser tratados con igualdad se refleja a menudo en la actitud de los propietarios que dan a sus hijos una participación igual en la empresa, sin importar sus contribuciones.

---

14 Desmedida preferencia que algunos dan a sus parientes para las concesiones o empleos públicos (definición de la Real Academia Española).

La influencia de la empresa sobre la familia

La influencia del sistema empresarial en la vida familiar puede ser tan perjudicial como la situación inversa.

Erigir una empresa con frecuencia representa una tarea absorbente y obsesiva para el fundador, y la vida familiar sufre las consecuencias. Del mismo modo, en una etapa de desarrollo posterior, cuando otros miembros de la familia ya se han incorporado a la firma, las familias pueden llegar a sentirse invadidas por la empresa porque esta ha llegado a dominar cada aspecto de sus vidas. Si las cosas se manejan de esta manera, la empresa se convierte en una extensión de la familia.

Muchas veces, los problemas se agravan cuando existen conflictos empresariales. En algunas familias, las diferencias en materia de políticas empresariales llegan a ser muy intensas, y existe tanto contacto dentro y fuera de la empresa que la vida familiar cotidiana se vuelve simplemente intolerable.

Por ejemplo, la esposa de un empresario, que no trabaja en el negocio familiar, me expresó: "Nuestra empresa familiar es puro conflicto, un desastre. No comemos tranquilos, se habla de trabajo hasta en la cena".

Un criterio equilibrado

El conflicto que surge de la superposición de los sistemas mencionados no puede evitarse completamente. Sin embargo, algunas familias han encontrado ciertas formas de limitar esa superposición, de separar sus vidas familiares y laborales, y de reducir las posibilidades de que surjan problemas como consecuencia de la contraposición de valores entre una esfera de acción y la otra.

Intentar separar completamente la vida familiar de la laboral es la primera reacción de mucha gente cuando comienza a ver señales de peligro. Pero no se puede negar la realidad de la familia y de la conducta humana, y esta estrategia compromete las fuentes de energía que surgen de la relación familiar (lealtad, compromiso, participar en una empresa de propiedad común, flexibilidad, etc.).

Un criterio mucho más eficaz consiste en desarrollar estrategias que ayuden a reconocer y analizar los problemas familiares y empresariales, para luego enfrentarlos de una manera directa a fin de asegurar el correcto equilibrio entre los componentes del sistema.

Transformando la zona de conflicto en zona de acuerdo

¿Qué nos permite transformar la zona de conflicto en zona de acuerdo?, o dicho de otra manera, ¿con qué se administra esa zona de solapamiento?

El "correcto equilibrio" es aquel que permite manejar en forma adecuada la empresa sin alterar la armonía familiar. Los primeros pasos que deben darse para lograr este objetivo implican profesionalizar la empresa, distribuir el poder y los recursos reflexivamente, adoptar medidas preventivas y manejar eficazmente las transiciones, en especial la sucesión[15].

---

15 "La palabra transferencia está más ligada a un proceso de vida, de continuidad y trascendencia, de no disrupción. Algo que como cualquier transacción debe hacerse entre dos actores o dos generaciones: el que pasa y el que toma. Por tal motivo usaré la palabra transferencia para indicar un proceso que se da entre dos generaciones y que es la continuidad de una convivencia que no se termina en el hecho puntual sino que se continúa hacia delante y en presencia.

"En esto como en otras tantas cosas de la vida existen dos estilos:

- Están los que postergan y "patean" para adelante esperando que el tiempo ayude a la resolución.
- Están los que organizan para adelantarse al tiempo. No toleran que el tiempo obre por sí. Necesitan ganarle al tiempo y tener las cosas claras y ordenadas antes que la fuerza de los hechos entre a escena, 'antes del deterioro y por una decisión estratégica'.　　　　　⋯➜

Esta transformación, ¿es lo mismo que negociar?

Según la Licenciada Clara Coria, si tuviéramos que definir qué es lo que entendemos por "negociación"[16] podríamos decir que las negociaciones no son ni más ni menos que todas aquellas tratativas con las que intentamos lograr acuerdos cuando se producen divergencias de intereses y disparidad de deseos.

Estos diferendos suelen ser mucho más conflictivos cuando surgen en situaciones donde los afectos ocupan un lugar destacado, lo cual sucede con mayor frecuencia en el ámbito privado. Es allí donde los afectos se convierten en el eje que da sentido a las relaciones, pero también donde se suele aplicar la "lógica de los afectos" de manera indiscriminada y generar así graves confusiones y empastes. Con frecuencia, se confunde "querer bien" con "ser condescendiente", "amor" con "servidumbre", "solidaridad" con "altruismo".

Podemos afirmar que las negociaciones denuncian que los diferendos existen y con ello rompen una ilusión (entre otras): la de semejanza y afinidad total con aquellos a quienes amamos. Esta fantasía que identifica amor con afinidad total es responsable en gran medida de muchas de las dificultades para negociar cuando los afectos circulan en el medio, porque, a menudo, las negociaciones suelen ser interpretadas como "atentados" contra la unidad amorosa o como evidencias de desamor a causa de los diferendos, que son consecuencia de la vida humana y no desaparecen por decreto. Por ello, a las personas no les queda otra alternativa que intentar resolverlos.

"Cada familia y cada empresa tienen su estilo y se condicionan mutuamente. El proceso de transferencia no escapa a esto. Pero si de algo tenemos que estar seguros es que desde arriba hacia abajo se transmiten los modelos a las generaciones venideras y al resto de la organización." Srebrow, Carlos. "Empresas familiares, ¿sucesión o transferencia generacional?", *Panorama de management y gestión*, febrero, 1994, pp. 221-25.

16 Coria, Clara: *Las negociaciones nuestras de cada día*, Editorial Paidós, Buenos Aires, 1997, 1ª reimp.

Imponer, ceder o negociar

Nos interesaría analizar el siguiente ejemplo desde la perspectiva de la licenciada Clara Coria: a la hija muy preparada de un exitoso dueño de empresa, en una familia que priorizaba el liderazgo masculino, le resultaba difícil defender su condición de mujer; a medida que maduraba en edad y asumía mayores responsabilidades, se hacía más obvio que algunas cosas debían cambiar.

La primera conclusión a la que llegó fue que algo andaba mal en la cultura familiar. A iniciativa suya, y no sin dificultades, esta hija siguió una nueva carrera, evitando así muchos años de frustración personal y librando a la familia y a la relación familiar de un daño irreparable; perdonó y avanzó, un "acto heroico, altruista, que no muchos pueden hacer", comentaban los padres.

Muchas mujeres reconocen que son incapaces de negociar para sí con la misma habilidad con que lo hacen cuando defienden intereses ajenos. Los comentarios de los padres son evidencias contundentes de estas dificultades. Algunas personas, como en el ejemplo, sostienen que no pueden negociar con familiares y amigos con la misma libertad y eficacia con que consiguen hacerlo en el ámbito público.

Según la licenciada Clara Coria[17],

> Ante la necesidad de resolver los diferendos, las personas echan mano según su estilo y su sensibilidad a tres alternativas posibles: imponer, ceder o negociar.
>
> La negociación es una alternativa que ofrece mayores garantías de respeto humano, no autoritaria, ya que por definición incluye un espacio para que las distintas partes puedan defender sus intereses y sus necesidades. Sin embargo este descubrimiento no llega a disolver automáticamente los prejuicios personales y los mitos sociales que hacen que

---

17 *Ibidem.*

la negociación sea indigna de quienes se quieren o son poco "espirituales".

Muchos tienden a creer que negociar es un mecanismo natural y exclusivo del ámbito público y que, por lo tanto, su empleo en el ámbito privado empaña las relaciones personales y afectivas y las contamina de materialismo, especulación, egoísmo y otros gérmenes.

La especialista opina que ganar incluye cuidar la relación con quien se negocia y contribuir, de alguna manera, a la preservación de la persona y de la relación. Por otra parte, ser solidario no significa ceder espacios y aspiraciones legítimas sino repartir equitativamente[18], tanto los inconvenientes como los beneficios.

También afirma que el ceder aplacatorio es muy distinto del ceder estratégico, por el que se acepta renunciar a una parte de los propios intereses para hacer posible un acuerdo que finalmente resuelva los diferendos.

A medida que se acumulan cederes aplacatorios, se van acumulando también resentimientos. Y estos dan nacimiento a nuevas violencias, generalmente también invisibles.

El ceder aplacatorio, junto con la imposición, son dos caras de la misma moneda, que tiene por eje a la violencia. Quienes imponen, ejercen violencia sobre otros porque invaden espacios ajenos, acallan opiniones y descalifican. Sabemos que negociar es pactar condiciones y valorar las propias necesidades tanto como las ajenas[19].

---

18 Equidad (Del lat. *aequĭtas,-ātis*). 1. Igualdad de ánimo. 2. Bondadosa templanza habitual. Propensión a dejarse guiar, o a fallar, por el sentimiento del deber o de la conciencia, más bien que por las prescripciones rigurosas de la justicia o por el texto terminante de la ley. 3. Justicia natural, por oposición a la letra de la ley positiva 4. Disposición del ánimo que mueve a dar a cada uno lo que merece (definición de la Real Academia Española).

19 Siguiendo con Clara Coria, lo "no negociable" es aquello que traspasa el límite, muy personal y subjetivo, de lo que las personas están dispuestas a ceder, en función de sus necesidades, valores y ambiciones. Pero también

En el devenir cotidiano, la lucha por el poder –que en el ámbito público suele transformarse en puja por el dinero o el poder político– se convierte en batalla encarnizada por los tiempos y los espacios, que son los alimentos con los que se nutren nuestros deseos.

Los tiempos y los espacios son recursos tan esenciales como agotables. Por eso, la manera de repartirlos deja al descubierto la trama profunda de las relaciones humanas y las alternativas éticas elegidas por cada uno de los que conviven. Son tiempos para vivir y espacios para crecer.

Estructura y dinámica de la familia y los negocios

Modelo tridimensional[20]

Figura 11. Modelo tridimensional de Gersick

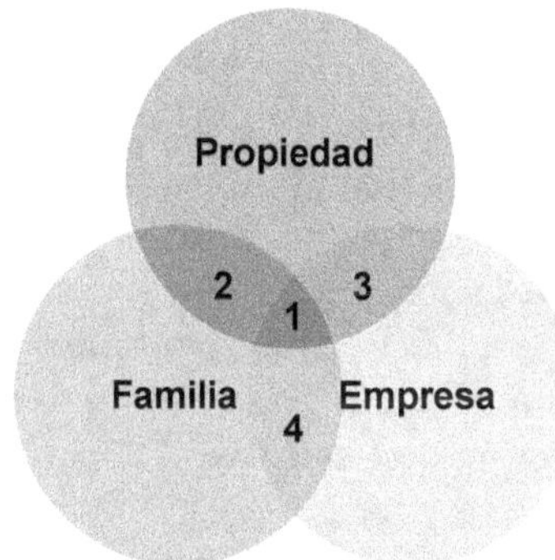

1. Familiar - Propietario - Gerente
2. Familiar - Propietario
3. Propietario - Gerente
4. Familiar - Gerente

Los tres círculos F (familia), P (propiedad) y E (empresa) aparecen cuando se divide la empresa en propiedad

---

es lo que no se discute –ni se cuestiona–, porque pareciera formar parte de la propia naturaleza, sin lo cual cada uno deja de ser quien es.

20 Gersick, K.; Davis, J.; Hampton, M. y Lansberg, I.: *Familia empresaria: desarrollo de la continuidad*, Fundación Nexia, Barcelona, 2006.

y gestión (o *management*). A continuación, a F P E les aplicamos las variables Tiempo y Cambio. Como los sistemas y las organizaciones envejecen y cambian, el hecho de aplicar el factor tiempo a los tres círculos genera el enfoque o **modelo tridimensional**.

La superposición institucional nos presenta las racionalidades y los objetivos diferentes de la F y de la E. Hay contradicciones en distintas áreas, como por ejemplo: problemas de selección, compensación y equidad, de evaluación, de adiestramiento y desarrollo. Son contradicciones normativas, que son una característica estructural de la empresa familiar. Cada integrante de esta razona, siente, actúa y sufre de diferentes formas, según el lugar desde donde observe la totalidad. Cada uno defiende su posición y la energía se aplica a juegos de poder, de influencia en las decisiones. Por eso es importante poder negociar según los distintos intereses personales y los de la empresa.

Coincide Daniel Goleman en que

> ...durante una negociación, la capacidad de interpretar los sentimientos de la otra parte es crítica para el éxito. Los contratos son emocionales, son principalmente psicológicos: lo importante no es lo que digan las palabras, sino lo que piensen y sientan las partes sobre ellas.
>
> Quienes han dominado el arte del acuerdo saben que toda negociación lleva una carga emocional. Los mejores negociadores son capaces de percibir qué puntos son los más importantes para la otra parte y ceder graciosamente allí, mientras presionan por concesiones en puntos que no tengan tanto peso emotivo. Y para eso se requiere empatía[21].

---

21 Goleman, Daniel: *La inteligencia emocional en la empresa*, Editorial Vergara, Buenos Aires, 1999. Recordemos que la empatía no tiene por qué llevarnos a ceder solidariamente a todas las exigencias de la otra parte. Comprender lo que siente el otro no significa estar de acuerdo con él. Pero anular la empatía para asumir una posición de dureza puede conducir a posturas polarizadas y a callejones sin salida. Las personas dotadas de esta aptitud manejan con diplomacia y tacto situaciones tensas y personas difíciles;

En cierto sentido –continúa Goleman–, se puede decir que negociar es resolver problemas de común acuerdo, puesto que el conflicto corresponde a ambas partes. Cada bando tiene sus propios intereses y perspectivas del conflicto, por lo que busca que el otro capitule a sus deseos. Pero el acto mismo de avenirse a la negociación equivale a reconocer que el problema es compartido y que puede haber una solución mutuamente satisfactoria. En este sentido, negociar no es un emprendimiento meramente competitivo, sino también cooperativo. El proceso de negociación en sí restaura la cooperación entre las partes en conflicto. El hecho de resolver problemas transforma la mutua relación. Esta solución requiere que cada una de las partes sea capaz de comprender, no solo el punto de vista del otro, sino también sus necesidades y temores.

Esta empatía, según Kelman, citado por Goleman en su libro, "hace que cada bando sea más capaz de influir en el otro para beneficio propio, respondiendo a las necesidades ajenas; en otras palabras: buscar la manera de que ambas partes puedan ganar".

Cuando se descarta la agresividad a favor de la solución de problemas o del término medio, aumenta la longevidad de la relación. Las amenazas y las exigencias envenenan las aguas de la negociación. Aun cuando una parte sea mucho más poderosa que la otra, la estrategia ganadora a largo plazo puede ser una postura magnánima, sobre todo cuando las partes van a mantener un trato continuado. El deseo de una relación a largo plazo y la dependencia mutua, el espíritu de colaboración es lo que siempre funciona mejor.

Por eso pensamos que es tan importante para las familias empresarias comprender, aprender y transformar sus conflictos en acuerdos.

---

detectan los potenciales conflictos, ponen al descubierto los desacuerdos y ayudan a reducirlos; alientan el debate y la discusión franca; orquestan soluciones que benefician a todos.

Algunos pasos clásicos para enfriar conflictos son:

• Serenarse, sintonizar los propios sentimientos y expresarlos.
• Mostrarse dispuesto a resolver las cosas discutiendo el tema, en vez de empeorarlo con más agresión.
• Expresar el propio punto de vista en lenguaje neutro, en vez de emplear el tono de disputa.

Alternativas de soluciones

En mi experiencia, cuando me consultan las familias empresarias, trato de sostener las actitudes siguientes:

• Trabajar en armonía con los miembros de la familia, mediar en los conflictos y, al mismo tiempo, gestionar y producir resultados cuando muchos dicen que las empresas familiares son una contradicción en sí mismas.
• Desarrollar ambos sistemas con una distancia óptima entre ellos, como mencioné al principio.
• Asegurar que la compañía pase en buenas condiciones a las siguientes generaciones o que, en caso de venta, se pueda producir una transferencia armoniosa a otros dueños fuera de la familia.
• Definir para el/la dueño/a fundador/a su mejor estrategia de salida.
• Ayudar a tomar la decisión de conservar el negocio o de venderlo.
• Decidir lo mejor, más justo y equitativo para los hijos de los dueños y para los accionistas minoritarios, algunos de los cuales no serán de seguro el próximo presidente.
• Decidir si crear un directorio externo o, en todo caso, cómo implementar uno, si eso es lo apropiado.
• Escoger, entrenar y dar autoridad a futuros líderes.
• Lograr los objetivos de la próxima generación sin

sacrificar la dignidad o la seguridad de la generación fundadora.
- Desarrollar un proyecto comercial para la compañía, que sea compatible con los planes del dueño y de la familia.
- Buscar soluciones equitativas para resolver desacuerdos, trabajando en conjunto en pos de hallar una solución que ambas partes puedan adoptar.

Aunque utilizar estas estrategias pueda parecer sencillo, para ponerlas en práctica se requieren ciertas aptitudes emocionales, como: conocimiento de uno mismo, confianza en sí mismo, autocontrol y empatía.

Es necesario, como ya se ha dicho, conocer y atender el ciclo vital de la empresa y del negocio, y relacionarlo con el del fundador y su familia para diagnosticar y acompañar el crecimiento y la planificación. Para crecer hay que cambiar, y hay determinadas habilidades directivas requeridas, según sea la etapa del crecimiento en que se encuentre la empresa.

Muchos empresarios temen compartir información, delegar autoridad y compartir decisiones. Falta capacitación para el gerenciamiento, profesionalización y planeación estratégica para el cambio; a menudo surge resistencia a la implementación de lo planificado. En muchos casos se recomienda incorporar un director no ejecutivo, que ponga paños fríos y otorgue objetividad a la empresa familiar.

Planeación estratégica

Equipo de planificación

La planeación incumbe a todos los participantes en una empresa familiar. Cada parte: dueños, socios, asesores, las familias y sus compañías, se refleja y responde a los demás.

Figura 12. Equipo de planificación

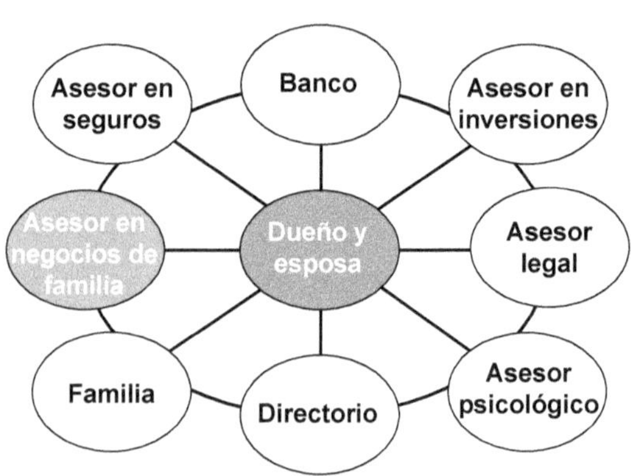

Siendo un sistema complejo, el equipo de planificación debe contemplar el abordaje interdisciplinario y a los propios involucrados. Por ejemplo, el dueño que evalúa a su yerno como el posible sucesor en el liderazgo de la empresa puede desalentarse e incluso cambiar de planes, en el caso en que el matrimonio de su hija parezca inestable.

Otro ejemplo: un dueño con cinco hijos que desea dejar el negocio a los tres de ellos que ya manejan la empresa debe pensar también cómo hacer justicia y ser equitativo con los otros dos hijos, cuyas carreras están por fuera de la empresa familiar, ya que de otra manera complicaría el desarrollo del plan de sucesión.

Componentes y dimensiones de la planeación

Son cuatro los factores, o componentes, que intervienen en la planeación de las empresas familiares:

1. El plan del dueño.
2. El plan de la familia.
3. El plan de la compañía.
4. El plan de sucesión.

Además, para cada plan existen dos dimensiones, a las que denominamos el lado *hard* y el lado *soft.*

Figura 13. Componentes y dimensiones de la planeación

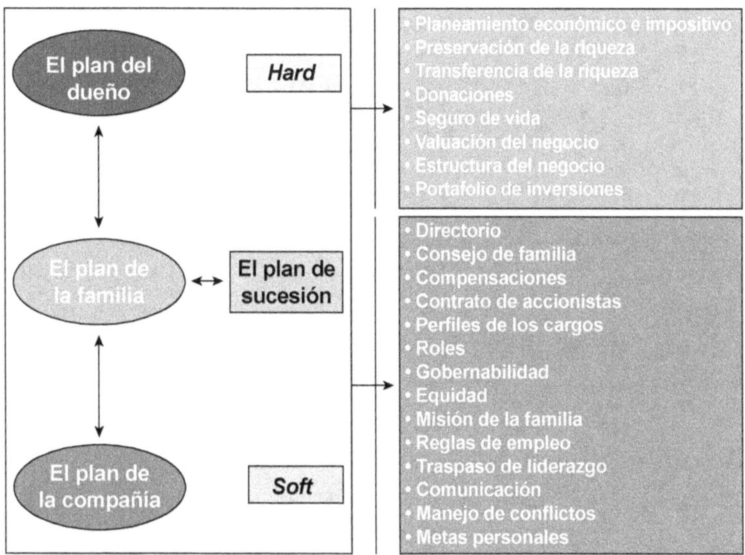

Los planes del dueño, los de la familia y los de la compañía interactúan y llegan a definir el plan de sucesión, y dan respuestas al lado *hard* y al lado *Barce* del proyecto.

El lado *hard* de la planeación en empresas familiares incluye consideraciones de orden económico, tributario, legal y financiero. Si se hace bien, maximiza los resultados financieros, ahorra impuestos y preserva la solvencia.

El lado *soft* representa la otra cara de la moneda: se relaciona con las metas personales, el orgullo, la comunicación en la familia, el juego limpio, el manejo de los conflictos, la elección de sucesores y la construcción de un ambiente armónico en las relaciones.

Los cuatro pasos en la planeación de las empresas de familia

Primer paso: el proceso comienza haciendo claridad y analizando la viabilidad de los objetivos del dueño.

Segundo paso: los miembros de la familia y los socios minoritarios deben entrar a definir sus metas, iniciando así un proceso de planeación e implementación; eventualmente hasta desarrollar un plan de familia.

Tercer paso: una vez que se han clarificado el plan de familia y los objetivos de la familia, y empieza a tomar forma el proceso, salen a la luz las respuestas a problemas básicos que residen en si tanto el dueño como la familia desean mantener la compañía o venderla; si no existe un mecanismo funcional entre el dueño y la familia, habrá efectos en la comunicación y en el trabajo en equipo; y, finalmente, si los mecanismos de sucesión están claros. Las respuestas que se obtengan aquí determinarán si seguir o no adelante en el proceso de planeación. La respuesta más común tiene que ver con desarrollar, o acaso revisar, el plan de la compañía. Este plan se orienta a determinar cómo capitalizar las oportunidades y orillar las dificultades dentro de la empresa. Aquí se define también el impacto que significa para la empresa confrontar los objetivos del dueño con los de la familia en temas como la sucesión y las metas finales.

Cuarto paso: donde realmente se integran y reúnen todos los componentes del proceso de planeación es en el plan de sucesión. Este plan clarifica y define cómo se hará la transferencia de la propiedad y del manejo de la compañía, ahora y en el futuro, y también cómo la generación de fundadores será garantizada en su seguridad financiera personal y la de la compañía. Se busca, además, un trato justo para todos los dueños y sus familias, y al mismo tiempo proteger los destinos de la empresa.

Figura 14. Los cuatro pasos del proceso de planeación

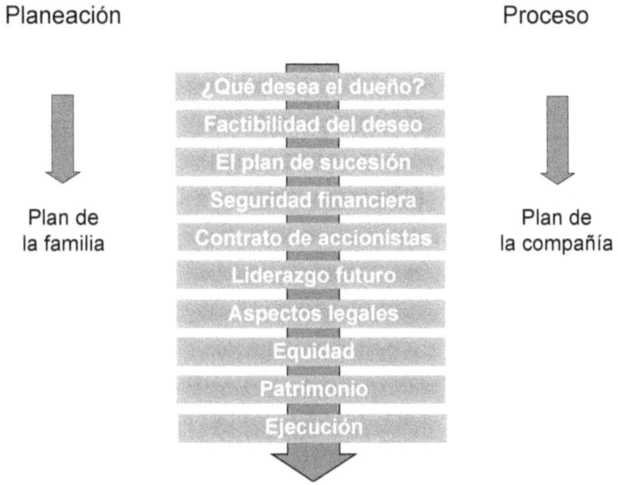

Las metas

La disparidad de metas entre los intereses individuales, los de la familia y los de la compañía es absolutamente normal. Por ejemplo, mientras la compañía puede necesitar capital, al dueño le importa más la seguridad financiera, y los miembros de la familia están más interesados en conservar o mejorar el estilo de vida al que están acostumbrados. Por lo general, no se dispone de recursos financieros para suplir todas estas metas al mismo tiempo. Para evitar estas diferencias, se aconseja que los cuatro componentes del plan vayan de la mano, cada uno ejerciendo y afrontando su responsabilidad ante las metas y las prioridades de las otras partes.

Cuanto más completo esté el plan de comienzo, con mayor rapidez se pondrá en marcha, y cuanto más involucrada esté la familia, mejor. Si bien es cierto que el plan en sí no garantiza la armonía familiar o el éxito mismo de las empresas de familia, sigue siendo el único camino confiable hacia el logro de objetivos.

Figura 15. Metas

Herramientas

Las herramientas técnicas que aplicamos en este proceso para que evolucionen los componentes y que la comunicación sea más efectiva en las entrevistas individuales y grupales son, entre otras ya presentadas en el capítulo anterior: el genograma, el cuestionario *Value Drivers* (VD), y la capacitación a los miembros familiares y no familiares.

Genograma

Usamos el genograma y el sociograma ocupacional como organigramas de las empresas familiares. Consideran cuáles son los miembros de la familia que trabajan en la compañía o no, sus nombres, edades, vínculos, historias, trabajos, vocaciones. Nos son útiles para conocer, rever y revisar, si es posible, hasta tres generaciones anteriores o más. Esta herramienta se complementa muy bien con el telescopaje, explicado en el Capítulo I. (Ver imagen de la página siguiente.)

Value Drivers (VD)

Esta herramienta proporciona la información necesaria para desarrollar, retener y rotar estratégicamente el capital intelectual de las empresas.

Figura 16. Plan de sucesión

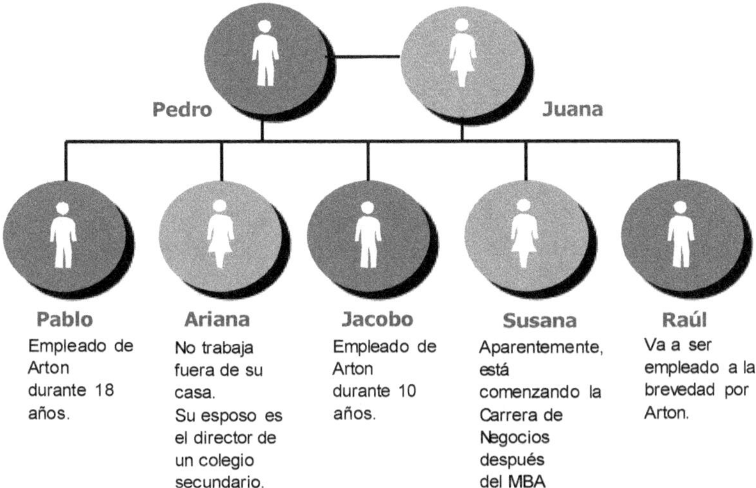

Estructura de valores: desde la estructura de valores se sustentan las acciones y todas las decisiones que tomamos. Cada individuo le da forma desde su modelo mental, su historia, medio social, familia. Los valores que tomamos son: búsqueda de poder, conocimiento teórico, bienes concretos, armonía estética, logros individuales, orientación a las personas, estructuras, espiritualidad.

Figura 17. VD. Estructura de valores

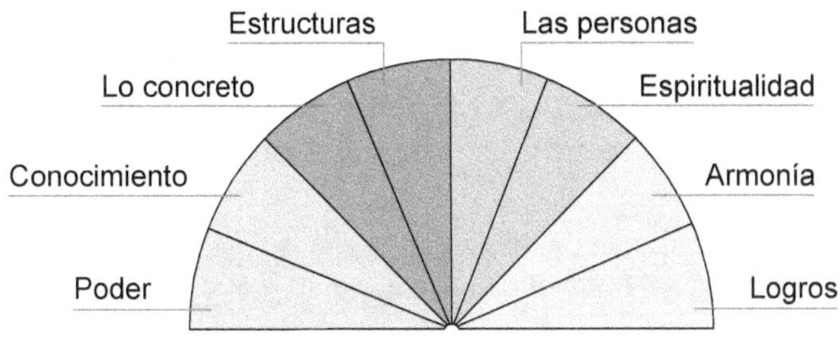

Orientaciones laborales: las anclas de carrera marcan la orientación que la persona busca darle a su carrera laboral. Edgard Schein[22] sostiene que: "El ancla está sustentada en la propia experiencia laboral y/o en la necesidad de la persona de desarrollarse profesionalmente en esa orientación".

El informe inicial de VD corresponde al estilo de pensamiento predominante en la niñez hasta los diecisiete o dieciocho años. La principal razón de definir el estado inicial es entender con qué intensidad prevalece lo natural. En comparación con un informe actual, se puede detectar si la persona incurre en un estilo de pensamiento adaptado. En ambos informes difieren una cantidad de hechos que pueden modificar su estilo de pensamiento en orden de adaptar los requerimientos como: valores sociales, modelos familiares, reglas ancestrales, etc.

Esta herramienta detecta a los individuos ideales para formar el mejor equipo de trabajo a través del **mapa del equipo** y obtiene como resultado **el mapa del equipo efectivo**.

Conclusiones

Cada desacuerdo entraña la posibilidad de un nuevo acuerdo, por eso es interesante siempre tener presentes algunas de las siguientes recomendaciones:

- Tener en cuenta las metas tanto de la compañía como de los miembros de la familia, cuyos intereses están entrelazados y cuyo futuro individual está ligado.
- Comprender cómo son verdaderamente esas personas. "comprometidas en una Empresa Familiar: sus

---

22 Autoridad en psicología de las organizaciones, padre del desarrollo organizacional y creador de los conceptos cultura corporativa y ancla de carrera.

Figura 18. Planeación de la sucesión

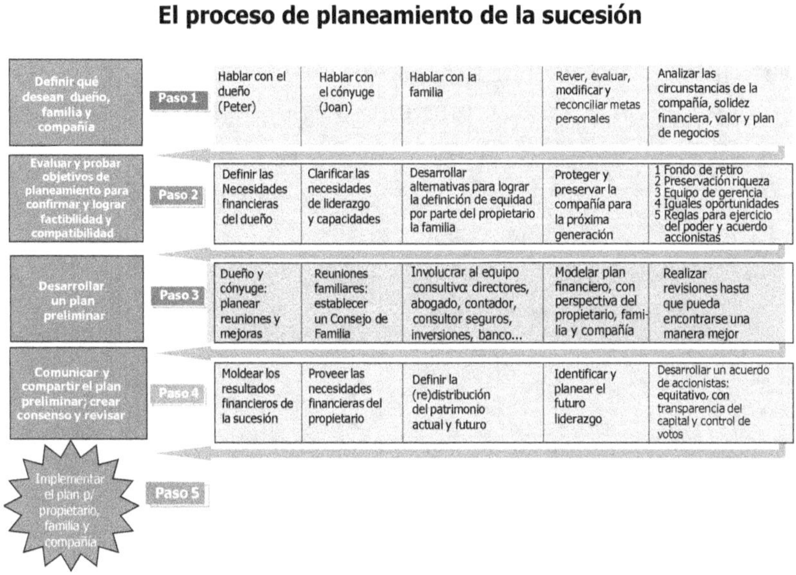

El proceso de planeamiento de la sucesión

Definir qué desean dueño, familia y compañía	**Paso 1**	Hablar con el dueño (Peter)	Hablar con el cónyuge (Joan)	Hablar con la familia	Rever, evaluar, modificar y reconciliar metas personales	Analizar las circunstancias de la compañía, solidez financiera, valor y plan de negocios
Evaluar y probar objetivos de planeamiento para confirmar y lograr factibilidad y compatibilidad	**Paso 2**	Definir las Necesidades financieras del dueño	Clarificar las necesidades de liderazgo y capacidades	Desarrollar alternativas para lograr la definición de equidad por parte del propietario la familia	Proteger y preservar la compañía para la próxima generación	1 Fondo de retiro 2 Preservación riqueza 3 Equipo de gerencia 4 Iguales oportunidades 5 Reglas para ejercicio del poder y acuerdo accionistas
Desarrollar un plan preliminar	**Paso 3**	Dueño y cónyuge: planear reuniones y mejoras	Reuniones familiares: establecer un Consejo de Familia	Involucrar al equipo consultivo: directores, abogado, contador, consultor seguros, inversiones, banco…	Modelar plan financiero, con perspectiva del propietario, familia y compañía	Realizar revisiones hasta que pueda encontrarse una manera mejor
Comunicar y compartir el plan preliminar; crear consenso y revisar	**Paso 4**	Moldear los resultados financieros de la sucesión	Proveer las necesidades financieras del propietario	Definir la (re)distribución del patrimonio actual y futuro	Identificar y planear el futuro liderazgo	Desarrollar un acuerdo de accionistas: equitativo, con transparencia del capital y control de votos
Implementar el plan p/ propietario, familia y compañía	**Paso 5**					

preferencias naturales, posibilidades de desarrollo de potenciales, diferentes puntos de vista, intereses, objetivos, metas.

- Definir esas metas, probar su viabilidad y conciliar conflictos y diferencias.
- Implementar las mejores soluciones globales que puedan ser aportadas por los dueños, las familias y los accionistas minoritarios, y hacer claridad en cuanto a que el plan que mejor funciona para todos no necesariamente es el que signifique riqueza para todos ni el que garantice el logro de todas las metas.
- Elevar el nivel de las relaciones tanto personales como de negocios, las oportunidades profesionales y los recursos financieros de los dueños y de los miembros de la familia. La planeación realza asimismo las posibilidades de éxito de la compañía.

De esta manera, la planeación en las empresas de familia es, a la vez, un privilegio y una obligación. Algún tipo de planeación es mejor que no tener ninguna; pero la mejor es la que incorpora consideraciones tanto del aspecto económico y legal o *hard*, como el aspecto personal y vincular o el lado *soft*.

CAPÍTULO III

Cambio de códigos - Código de cambios[23]
El nuevo Código Civil y Comercial y la familia empresaria

Y el pasado es eso:
lo que no cambia.
¿Y el futuro?
Eso que ya llegó.
Hace rato.

Introducción

En un mundo en que los cambios basados en prácticas sociales y culturales vigentes están enfrentando profundas y vertiginosas transformaciones, la familia no puede más que verse envuelta en múltiples desafíos.

---

23 "Un lenguaje no es simplemente un conjunto de símbolos que se han utilizado en lo pasado; es un sistema de símbolos que tienen significado en relación con un código", Roman Jakobson y Morris Halle: *Fundamentals of Language*, Mouton, La Haya, 1956. "Un código lingüístico es una estructura normativa paralela a la que se compone de normas y valores societarios; de hecho, puede considerarse adecuadamente como un caso especial de la norma, dejando margen para su enfoque cultural por oposición al social", Humberto Maturana: *Realidad objetiva o construida*, Anthropos, Barcelona, 2009, 2ª ed.

Reflexionaremos acerca de la influencia de esos cambios sobre las empresas familiares, ya que ofrecen verdaderas pautas interpretativas desde una mirada interdisciplinaria, abarcadora, que incluye aspectos biopsicosociales[24].

El objetivo es destacar cómo los cambios de paradigmas tomados en el nuevo Código Civil y Comercial[25] significan ver las cosas de otra manera, derivan en nuevos criterios y modos de percibir cuestiones vinculadas a estadios evolutivos, familia, capacidad de las personas, derechos humanos, así como divorcios, uniones, pactos, protocolos, sociedades y sucesiones con gran valor simbólico además del legal y económico.

Frente al reconocimiento de la incertidumbre, saber que vivimos en un mundo inseguro, volátil y líquido genera en las sociedades también la necesidad de algo que no cambie, con imperio del pasado, al rescate de lo viejo que se

---

24 El modelo biopsicosocial es un modelo o enfoque participativo de salud y enfermedad que postula que el factor biológico (factores quimicobiológicos), el psicológico (pensamientos, emociones y conductas) y los factores sociales desempeñan un papel significativo de la actividad humana en el contexto de una enfermedad o discapacidad.

25 El Código Civil de la República Argentina fue el cuerpo legal que reunía las bases del ordenamiento jurídico en materia civil en la Argentina. Fue redactado por Dalmacio Vélez Sarsfield, como culminación de una serie de intentos de codificación civil que tuvieron lugar en el país. Fue aprobado a libro cerrado, es decir, sin modificaciones, el 25 de septiembre de 1869, mediante la Ley n.º 340, y entró en vigencia el 1 de enero de 1871. Con numerosas modificaciones desde ese entonces, constituye la base del Derecho civil argentino, hasta el 1 de agosto de 2015, cuando entra en vigencia el Código Civil y Comercial de la República Argentina, que resultaron necesarias para regular adecuadamente una sociedad que presentó grandes cambios a nivel social, político y económico. La reforma más importante que sufrió el código fue producto de la Ley Nº 17711, en abril de 1968. Si bien esta ley reformó aproximadamente un 5 % del articulado, se destaca por el cambio de orientación que experimentaron algunas de las instituciones reguladas. Además, existió una serie de proyectos de reforma que no fueron llevados a la práctica. Estos proyectos no solo planteaban la reforma de las instituciones y un cambio de método, sino que uno propuso también su unificación con el Código de Comercio, a imitación del italiano.

opone a la digitalización y a la virtualidad, que forme parte del discurso del valor de la historia.

Las nuevas tecnologías impulsan cambios en el mercado del trabajo. Entre otros factores, como muchas máquinas reemplazan a las personas, aumentan la resistencia al cambio y la conflictividad.

¿Qué decir de la cultura?[26]

¿Qué son los paisajes sin la gente?
Allí entra la cultura.

Según lo define el *Diccionario Webster's*, "Una cultura es el patrón integrado del comportamiento humano que incluye el pensamiento, los actos, el habla y los artefactos, dependiendo de la capacidad del hombre para aprender y transmitir conocimiento a las generaciones siguientes".

La primera definición se familiariza con el concepto de cultura social, mientras que la que sigue se asimila más a las organizaciones, en la cual debemos destacar la inclusión del concepto de artefactos, que son elementos de identificación de una cultura determinada. "La estructura refleja la época

---

26 El término "cultura", proveniente de las voces latinas *colo, colis, colere,* que aluden semánticamente tanto al cultivo como al cuidado, primero se aplicó a la acción humana relacionada con las distintas formas de cultivar la tierra, la *agriculturae,* extendiéndose luego a otro tipo de prácticas de índole material. Un salto semántico significativo se produce cuando, con un uso metafórico, se traslada al cuidado del alma o el espíritu, *cultura animi,* dando lugar al sentido religioso (culto), y también al de formación y desarrollo de la persona en las facetas estética e intelectual que predomina actualmente. Considerado desde un sentido objetivo, es el conjunto complejo de los efectos que el hombre crea, transforma y humaniza, y se despliega en las creaciones del lenguaje, la literatura, el arte, la ciencia, la moral, la política, el derecho, etc. Es pues el mundo propio del hombre. Vale la pena destacar que el término cultura se asemeja al sentido de civilización.

en que se fundó el sector"[27], y en tal sentido, la cultura es cambiante a través del tiempo. Los sectores se desarrollan debido a las condiciones técnicas, sociales y económicas de su época.

La supervivencia y el desarrollo de las organizaciones dependen de su cultura, además de la capacidad y del momento emocional de sus directivos y profesionales para afrontar los cambios. El concepto de momento emocional se asocia a la natural predisposición del ser humano para orientarse hacia la expansión o a la contracción en la toma de decisiones, según la circunstancia en que se encuentre.

Otro aspecto importante que influye notablemente en la cultura de las instituciones es el que se relaciona con el perfil del desarrollo cultural del país que se trate, explicado por el hecho de que todo grupo social guarda los valores comunes que le son propios, originados desde su constitución. Así ocurre en la pareja, la familia y/o lo que entendemos por ese grupo primario, que conserva costumbres arraigadas con el tiempo, con lo cual se elabora una cultura propia que se identifica con actitudes y pautas ligadas al comportamiento, a los ritos íntimos y frente a otros.

Figura 19. Proceso de formación de valores personalizados bajo la influencia de la realidad social históricamente condicionada

Construcción de valores propios

---

27 Mintzberg, Henry: *La estructura de las Organizaciones*, Prentice-Hall, Madrid, 1979.

El estudio de la relación entre la cultura y la psicología fue desarrollado en la primera mitad del siglo XX por la corriente norteamericana de la antropología conocida con el nombre de Cultura y Personalidad. Inicialmente, recibió una fuerte influencia del pensamiento de Freud[28] para luego desarrollar tesis más conductistas. Finalmente, desde fines de los años 60 se convirtió en la especialidad de la antropología conocida como Antropología Psicológica.

Originalmente, la cultura fue entendida y explicada como un conjunto de constricciones, presiones y condicionamientos externos al ser humano, que fijaban pautas de conductas como adulto, donde se destacaban las costumbres[29] en cuanto concepto amplio que representaba casi todo lo que el hombre hacía. A lo anterior se le agrega que el paso del tiempo, convertido en tradiciones, y a veces en historia, explicaba el origen de estas formas de costumbres e imposiciones culturales en tiempos pasados y remotos.

En este momento, la cultura es entendida como un proceso o una red, malla o entramado de significados, en un acto de comunicación, objetivo y subjetivo, que tienen los fenómenos y eventos de la vida cotidiana para un grupo humano determinado.

Si queremos, por ejemplo, conocer la cultura de las familias empresarias, lo que en realidad nos estaríamos pre-

---

28 G. N. Fischer lo toma del conocido libro de Freud, *El malestar en la cultura*: "La cultura humana (...) comprende, por una parte, todo saber y el poder adquirido por los hombres para dominar las fuerzas de la naturaleza; y por otra, todas las organizaciones necesarias para fijar las relaciones entre ellos". En otras palabras, para el psicoanálisis, la cultura está constituida por todas aquellas presiones intrapsíquicas, de origen social o colectivo, repercutiendo en la personalidad y hasta posiblemente en traumas psíquicos.

29 Resulta curioso, pero *mores* y *folkways* designan lo mismo: costumbres. *Mores* es el plural de costumbre en latín (singular: *mos*), y *folkways*: costumbres en inglés. Así que decir *mores* y *folkways* equivale a decir "costumbres y costumbres". Raymond Williams, citado en G. N. Fischer, *Campos de intervención en psicología social*, Narcea, Madrid, 1992, pp. 16 y ss.

guntando sería qué sentido tiene la vida empresarial y familiar para quienes la viven.

Desde este punto de vista, es posible comprender a Clifford Geertz[30] cuando dice que: "El concepto de cultura sería esencialmente un concepto semiótico. El hombre está inserto en tramas de significación que él mismo ha tejido, la cultura es esa urdimbre y el análisis de la cultura ha de ser por lo tanto, no una ciencia experimental en busca de leyes, sino una ciencia interpretativa en busca de significaciones". El hecho de hablar de cultura científica puede considerarse una denominación nueva para una vieja actividad. Se trataría de una actualización o modernización nominal que estaría en sintonía con los cambios producidos: en el ámbito comunicacional, por las nuevas tecnologías; en el pedagógico, por los nuevos enfoques de aprendizaje; en el político, por una sociedad civil más activa y reivindicativa, y en conjunto con la centralidad del conocimiento experto en prácticamente cualquier faceta de la vida social. En un mundo cada vez más globalizado, con las relaciones y los conflictos que plantea la convivencia entre grupos de culturas diferentes, se refleja en la extensión de términos como "diversidad cultural", "multiculturalismo", "pluriculturalismo" o "interculturalismo".

La inclusión o no de lo tecnológico en la denominación y en las acciones educativas es una cuestión por resolver. Por ser más corta y también por ser la expresión predominante, aquí optamos por emplear "cultura científica". No obstante, se tiene presente que en la mayoría de las ocasiones lo mejor sería hablar de "cultura tecnocientífica" o de "cultura científica y tecnológica", debido a la imbricación que existe actualmente entre ciencia y tecnología, por más que haya situaciones y casos que todavía permiten distinguir entre ambas actividades creativas y cognitivas.

───────────────

30 Geetz, C.: *La interpretación de las culturas*, Gedisa, Barcelona, 1983.

La esfera de la cultura está centrada en la producción y transmisión de formas simbólicas. Ello se manifiesta a través de un conjunto de prácticas, tiene como contenidos un conglomerado de creencias, valores, normas y objetos sociales, y de ella se encarga un grupo de actores sociales. Aun así, en la esfera de lo cultural, que es heterogénea, existen varias instituciones sociales que, como subcampos diferenciados, operan cubriendo una serie de necesidades y desempeñando un cúmulo de funciones específicas.

La función de la ciencia es proporcionar a los seres humanos creencias fiables sobre el mundo en el que viven, tanto del mundo natural como del social. A pesar de ser el modo de representación conceptual del mundo cognitivamente más fidedigno, la ciencia no ha conseguido desterrar otras formas culturales tradicionales del saber y con las que en algunos casos entra en conflicto, como es el caso de la religión. En otros, ve favorecida su labor, como respecto del sistema educativo (formal), cuya función es transmitir una parte de la cultura de una sociedad, o de la tecnología, con la que cada vez está más imbricada. Finalmente, con las artes y las humanidades, la competencia no reside tanto en la producción y validez de formas simbólicas y bienes culturales como en la lucha por el reconocimiento y la consideración social del saber producido (Snow[31]).

Situados fuera de la esfera o del campo de la cultura y fijándonos ahora en el conjunto de campos sociales, percibimos que la ciencia está influida por sistemas como el económico, a través del mercado y sus agentes (una influencia en ascenso); el político, a través del Estado (en declive); y, recientemente, también por la sociedad civil (en ascenso). A su vez, todos ellos, en cuanto entorno natural en el que viven las sociedades, reciben la influencia de la ciencia y la

---

31 Snow, Charles Percy: *The Two Cultures and the Scientific Revolution*, Cambridge University Press, New York, 1959.

tecnología como factor de desarrollo y crecimiento humano, social, político, económico y cultural. Lo cual también da lugar a disfunciones, dilemas, problemas y riesgos.

Observando la cultura científica desde este enfoque, vemos que sus actores, productos, objetos o creencias no pueden ser tomados de modo aislado y descontextualizado, como algo intrínseco, sino que están situados en marcos sociales.

Figura 20. Etapas del proceso de cambio de cultura

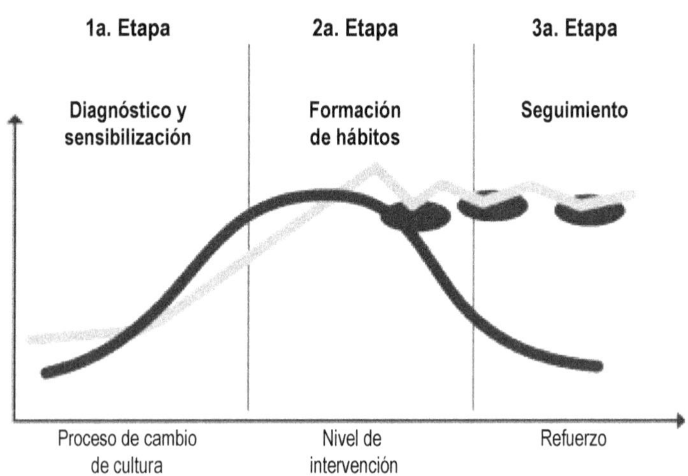

Cambios en el entorno y en la familia

La historia no es más que el relato del cambio a través del tiempo. Cobra cada vez más validez la expresión de que el cambio está íntimamente relacionado con el tiempo y con la acción desarrollada para adaptarse a él.

El cambio, ¿se facilita, se gestiona, se administra?

¿Por qué cambiar? ¿Para qué cambiar? ¿Cuál es la dirección del cambio?

Las eras mostraron sus cambios a través de la evolución e involución de las especies animales y vegetales, mientras que la historia del mundo a través del hombre define sus cambios mediante un minucioso análisis de los hechos.

La vida diaria nos permite comprender que debemos prepararnos para afrontar los eventos que de alguna manera nos producen dolor, tales como la muerte de un ser querido, un desengaño afectivo, la pérdida de un valor económico y cuántas otras cosas más que suceden cotidianamente y nos obligan a cambiar tantas cosas propias de nuestra vida.

Figura 21. Fuerzas de cambio y barreras

Una cosa es el pasado, homogéneo, inerte, y otra es la historia. No todo lo ocurrido en el pasado es histórico. La historia no es un pasado muerto sino que este está vivo en el presente. La significación descansa en la actividad elaboradora del historiador que va a tratar de reconstruir eso que es el entorno, eso que llamamos ambiente.

Puede haber miles de cosas que si no son capturadas no existen como hechos. Porque un hecho no es una cosa de lo natural, sino un trabajo de construcción. Lo que no está trabajado no existe como hecho[32].

---

32 Rossi, Lucía: *Historia de la Psicología*, Cátedra I, Universidad de Buenos Aires (UBA), Buenos Aires, 1995.

Por eso recalco que la historia no es sinónimo de pasado. Hemos desplazado el eje de la historia a historiar. Para historiar, necesitamos todo el eje, o espacio temporal: presente, pasado y futuro.

Figura 22. Eje o espacio temporal

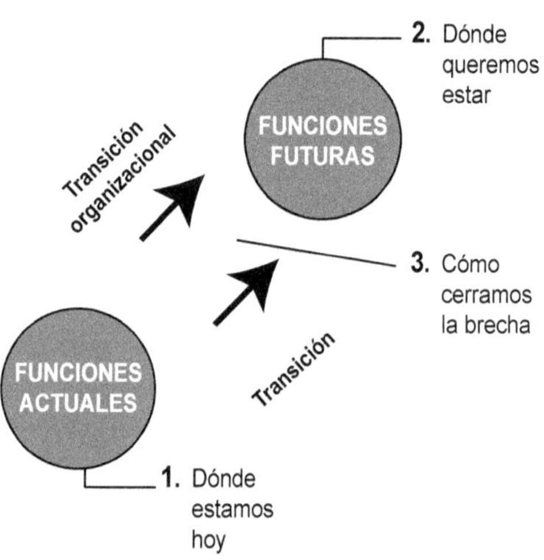

Hay una red de significaciones que nos atraviesan. La significación, que es el gran desafío de la psicología contemporánea, para que juegue necesita toda la coordenada, o eje espacio-temporal; tener una visión holística que permita visualizar en forma integral los cambios y la evolución de la organización como un todo, en el escenario hiperconectado en que vivimos.

Hay una nueva visión de negocios y familia, un choque cultural inminente que significa operar con familia y empresa hoy. Esta resultaría de la forma de operar las empresas tradicionales y los modelos que se están gestando. Porque no solo han cambiado las familias tipo para ser nuevos tipos de familias o familias diversas, sino también la forma de comprender y gestionar las empresas.

Y no se trata únicamente de cambios tecnológicos. Es fundamental la forma de hacer negocios, porque hay que identificar destinos futuros, rentables, realistas, también gestionar procesos complejos. Relevar las funciones actuales e identificar conocimientos, habilidades, experiencias y competencias necesarios para las nuevas funciones futuras.

En este escenario, se armó un problema de valores a partir de un problema de neuronas. Los diversos tipos de familias no se adaptan al patrón tradicional, a los conocidos modos de ser familia[33]. La expresión "familias diversas" no tendría que ver con su estructura sino con lo saludable de sus vínculos.

La dinámica de la sociedad en estas últimas décadas, los cambios socioculturales que han influido en la familia, en la conformación de distintas formas familiares, en las relaciones interpersonales y en el modo de considerar a la persona humana, dan paso a la validez e impronta de principios vigentes en los tratados de derechos humanos, basados en el paradigma no discriminatorio para una sociedad multicultural, paradigma protectorio de igualdad para niños, adolescentes, personas con discapacidad, mujeres, merecedores del reconocimiento de sus potencialidades, también en materia de bienes.

Figura 23. Curva de respuesta ante la percepción positiva

---

33 Golombock, Susan: *Modelos de familia. ¿Qué es lo que de verdad cuenta?*, Ed. Grao, Barcelona, 2006.

Hay una interconexión de estos paradigmas, no constituyen compartimentos estancos, por lo que habrá que replantearse algunos aspectos que hacen a nuestra práctica como consultores en cuanto al equilibrio buscado en la intersección entre el sistema familiar y el empresario[34].

Se desprende la importancia del proceso educativo, cuando existe la convivencia de distintos modelos familiares, de diversidad cultural o cultura de la diversidad, entre cuatro y hasta cinco generaciones en la empresa, lo que implica aprendizaje en la comunicación, empoderamiento, liderazgo, generaciones distintas y aspiraciones diversas.

La tecnología y los cambios sociales son interdependientes. Las protestas de miles, a través de los medios, como eventos de significado cultural, generan y fuerzan a revertir decisiones. En la escena política, vociferaciones de minorías, sofisticadas en usos de comunicación tecnológica, ejercen grandes influencias, desproporcionadas en sus números: la moral mayoritaria (usos y costumbres) es realmente otra minoridad, pero focalizada y amplificada. Era de la diversidad y de los nichos.

Parece ser que el *core* de las empresas es la tecnología: las demandas de tecnología son considerables, por lo que estas deben soportar fuertes medidas de seguridad, prácticas comerciales legales y de requerimientos, múltiples tipos de certificados para diferentes aplicaciones y diversidad de aplicaciones integradas.

Con este amplio mundo globalizado, la web es un canal de potencial sin precedentes. Al estar *online*, los negocios pueden alcanzar millones de personas alrededor del mundo, usando Internet para sus transacciones. Y con medidas de seguridad, estos pueden minimizar los riesgos y crecer en grandes mercados, ganar clientes confiables y sectores competitivos.

---

34 Stivelberg, Alicia G.: "Primer mandamiento: 'No procrastinarás la sucesión'". En *La sucesión en la empresa familiar*, Ad-Hoc, Buenos Aires, 2014, pp.18-25.

Estas prácticas implican grandes desafíos. Estructuras con prácticas establecidas o una nueva estructura con nuevas prácticas que incluyen *networking*, muchas redes de contacto, escalas de comunidades de trabajo. La confianza mejora las relaciones bilaterales y los vínculos con los grupos de interés, y permite establecer un acercamiento a la comunidad virtual[35].

Figura 24. Enfoque para el cambio.
En los procesos de cambio, hay dos elementos fundamentales
a considerar para liderar el cambio: la organización y la gente.

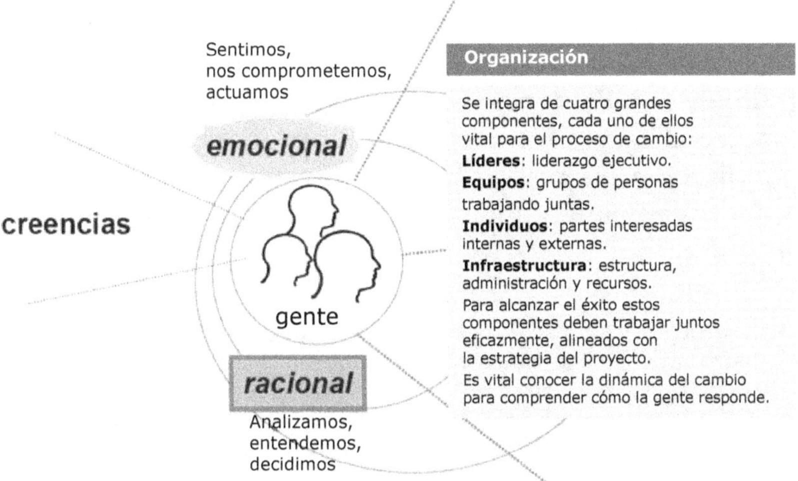

Hoy, el concepto de familia no es el de la familia tipo con dos o tres niños y eventualmente un perro; es casi imposible hacer predicciones sobre las bases de los modelos del pasado. Quizás muchas instituciones desaparezcan o se

---

35 La transición hacia lo nuevo implica el cambio de paradigma con una transformación fundamental en casi todo lo relacionado con la tecnología en sí misma y en sus aplicaciones en los negocios. Es una nueva manera de observar algo, que se hace imprescindible debido a los nuevos desarrollos en la ciencia, la tecnología, el arte u otras áreas de trabajo.

integren con flexibilidad a nuevos paradigmas[36]. Estos cambios críticos pueden venir solo gradualmente, adaptándose a las nuevas reglas en esta era de la diversidad. Aún, cada instante de éxito lleva tiempo. Procesos antes considerados informales pasarán a ser legitimados por el entorno a través de la regulación, aceptación de nuevas formas, que seguramente irán cambiando, aunque no puedan hacerlo así, a la misma velocidad, las instituciones que las regulan. Varios son los interrogantes respecto de cuáles serán los alcances del nuevo Código Civil y Comercial en la toma de decisiones del negocio familiar para encarar temas como transmisión generacional, sucesión, equipo marido-mujer. ¿Se deberán rediseñar las estructuras de la empresa, de personal y de la organización? ¿Se tratará de un cambio por un sistema integrado de familia y empresa, y otro de patrimonio gestión o propiedad? ¿Qué recomendaciones proponemos para que la aplicación opere con la más alta eficiencia? ¿Habrá un período de mantenimiento de adaptación al entorno?

---

36 El concepto de cambio de paradigma lo introdujo primero en 1962 el filósofo e historiador científico Thomas Kuhn en su libro *The Structure of Scientific Revolutions*. Cuatro cambios de paradigma impactan los negocios de la actualidad: 1) nuevo orden económico y político: que comienza desde la Segunda Guerra Mundial. El mundo está en proceso de apertura y es fugaz; 2) nuevo ambiente de negocios: las economías nacionales y los mercados están transformándose. Las viejas reglas desaparecen, al igual que las barreras impuestas a la competitividad; 3) nuevas empresas: la corporación antigua ya no funciona más. Hay una transformación de las empresas, facilitada por la información, que es requisito para tener éxito en el nuevo ambiente; y 4) la era de la información entra a una segunda etapa: la nueva tecnología de la información es abierta e interconectada, y posibilita la distribución de inteligencia y la toma de decisiones para los usuarios. Solo mediante la computación abierta y en red puede llevarse a cabo la empresa abierta e interconectada, como una condición previa para tener éxito en los negocios en la era de la información. Esta nueva forma de organización se basa en equipos cooperativos, multidisciplinarios, y en negocios interconectados en toda la empresa; donde los equipos de negocios operan como una red de las funciones que agregan valor.

Figura 25. Fundamentos para el proceso de cambio

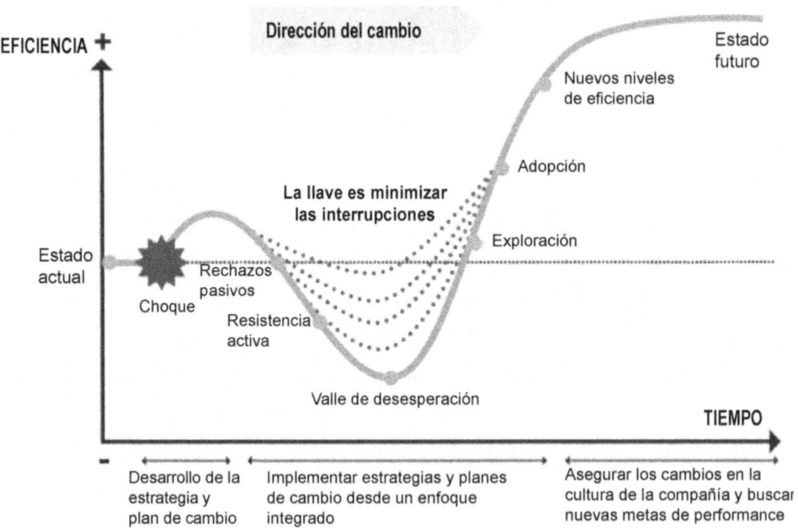

En esta época que privilegia lo veloz, lo nuevo, el éxito fácil y el artificio, "no se debe olvidar que la mayor parte de las creaciones tecnológicas han surgido en el tiempo del esfuerzo, el conocimiento y la crítica"[37].

La cultura ha cambiado, actualmente hay que adaptar la forma de transmitir conocimiento porque el saber se ha multiplicado en forma exponencial.

Cuatro sistemas en acción: social, cultural, de personalidad, organismos conductuales

Consideramos los sistemas sociales como constituyentes del sistema más general de acción, siendo los otros elementos constitutivos primarios los sistemas culturales, los sistemas

---

37 Sostuvo Guillermo Jaim Etcheverry, autor de *La tragedia educativa,* que "tanto la familia como la escuela enfrentan el dilema crucial que es el cambio de visión que está ocurriendo en la cultura occidental".

de personalidad y los organismos conductuales[38]. Los cuatro se definen de manera abstracta en relación con la conducta concreta de la interacción social. Tratamos los tres subsistemas de acción distintos del sistema social, como constituyentes de su ambiente. Este empleo es poco habitual, sobre todo en el caso de las personalidades de los individuos; se justifica plenamente en otros contextos, pero a fin de comprender lo que sigue es esencial recordar que no concebimos aquí el sistema social ni el de personalidad como entidades concretas.

Las distinciones entre los cuatro subsistemas de acción son funcionales y las establecemos de acuerdo con las cuatro funciones primarias que adscribimos a todos los sistemas de acción: mantenimiento de patrones, integración, alcance de metas y adaptación.

Los sistemas sociales no existen en forma aislada de su entorno

Todo sistema tiene un entorno con el que está en permanente comunicación, del cual se nutre y al cual provee algún bien o servicio. La dinámica de la interacción del sistema con su entorno es de vital importancia porque esas relaciones deben ir reconfigurándose a medida que ocurren cambios. Y en el entorno siempre hay novedades, algunas veces muy importantes.

Cuando decimos que empresa y familia son sistemas sociales, debemos caracterizar de qué se trata esta afirmación. Los sistemas son entidades que actúan de modo coordinado en función de una misión o meta compartida. Las

---

38 Véase el Capítulo 2 de Parson, T.: *La sociedad: perspectivas evolutivas y comparativas,* Editorial Trillas SA, México, 1974; y el artículo "Social Systems and subsystems e Interaction", en: *International Enciclopedia of the Social Sciences,* MacMillan, Nueva York, 1968; y los materiales de introducción de la obra de T. Parsons, E.; Shils, K.; Naegele y J. Pitts (dirs.), *Theories of Society,* Free Press, New York, 1961. La teoría de las cuatro funciones se presenta en el ensayo de introducción "An Outline of the Social System", en *Theories of Society,* y de manera más breve en *La sociedad.*

partes que conforman el sistema se integran según los resultados buscados en lo que se denomina estructura: una serie de relaciones que vinculan sus elementos para otorgarles organicidad y eficacia.

El sistema social "Familia" se caracteriza porque sus miembros no son elegidos en función de las necesidades del sistema sino que son sujetos insustituibles, lo que da a la familia una connotación muy particular: su estructura es estable y cuasi rígida. En los otros sistemas sociales, los miembros participan en la medida en que son funcionales a las metas; de lo contrario, son expulsados o reconvertidos.

Esta es la característica de las empresas que determinan su personal y su dirección de acuerdo con las metas que definen. La misión y la estrategia de la empresa determinan la estructura que deberá tener para alcanzar sus fines.

En una conversación entre colegas, recuerdo que uno de ellos compartió que, según Mario Bunge,

> las relaciones que se establecen entre los componentes de una estructura se pueden clasificar en cuatro tipos básicos: relaciones de poder, relaciones de producción, relaciones psicosociales y relaciones de conocimiento. Las primeras son las que definen las líneas de autoridad y las potestades de cada miembro del sistema. Las relaciones de producción o económicas son las que estructuran los procesos y las actividades necesarias para producir los resultados del sistema. Las psicosociales establecen los vínculos emocionales entre los miembros del sistema –amor, confianza, lealtad, enemistad, etc.–. Finalmente, las relaciones de conocimiento son las que producen y conservan el aprendizaje necesario del sistema para cumplir su misión cada vez mejor.

Es importante entender que los sistemas sociales –incluidas la empresa y la familia– experimentan todas esas relaciones de manera continua y conjunta, lo que determina su condición de sistemas dinámicos que cumplen un ciclo de vida.

Al igual que todo organismo biológico, un sistema social nace, se fortalece, se desarrolla, enferma y eventualmente muere cuando ya no puede alcanzar sus fines. En el caso de las empresas, la muerte es su bancarrota o disolución. En el caso de las familias, hay dos formas de "muerte": cuando carece de descendencia, o cuando se disuelven sus vínculos y deja de actuar funcionalmente como una familia, pasando a ser un conjunto de individuos desconectados. Hasta hoy diríamos que la continuidad de la empresa familiar es incompatible con cualquiera de estas formas de extinción familiar.

Lo que determina la salud de un sistema social es la eficacia y la eficiencia con que persigue su misión. En el caso de una empresa, se trata de la capacidad de crear mercados, de proveer bienes y servicios en condiciones que satisfagan a los clientes y de generar una renta suficiente para sus dueños, de manera sustentable en el tiempo. En la medida en que la empresa desarrolle estos logros, sus operaciones crecerán y producirán recursos suficientes para innovar y mantener sus ventajas respecto de sus competidores.

Los logros de la familia no son tan empíricos. Una familia cumple su misión en un plano humano caracterizado por el amor entre sus miembros, su sano crecimiento y maduración y la realización de los proyectos personales de sus miembros. La prosperidad familiar debe entenderse en el plano existencial de sus miembros, para lo cual el acrecentamiento del patrimonio es una condición deseada, pero nunca suficiente.

Las operaciones de los sistemas se organizan bajo el formato de procesos encadenados, de tal modo que las tareas se cumplan en forma eficiente y eficaz y el sistema alcance sus fines. Todos los sistemas tienen procesos más o menos definidos que organizan sus actividades naturales. Cuanto más sofisticado es el sistema, más preciso debe ser el diseño de los procesos.

En la empresa, los procesos convierten los insumos en ventas a través de una serie de operaciones que agregan valor a los bienes y servicios producidos. Es fácil observar los procesos productivos, comerciales, administrativos, financieros, de planificación y control, etc. Estos operan a través de la estructura y siguen pautas crecientes de calidad para optimizar los resultados del negocio. Cada tanto, la estructura de la empresa debe ser reordenada para dar saltos de calidad y adecuarse a las novedades de cada momento.

El doctor William Edwards Deming[39] fue uno de los grandes expertos de control de calidad y desarrolló una metodología basada en criterios estadísticos. Deming insistía en no describir funciones cerradas, suprimir objetivos numéricos, no pagar por horas, romper las barreras departamentales y dar más participación a las ideas innovadoras de los trabajadores.

Kaizen y empresa familiar

Reflexionemos sobre concepto *kaizen* aplicado a la empresa familiar: la palabra *kaizen* proviene de la unión de dos vocablos japoneses: *kai*, que significa cambio; y *zen*, que quiere decir bondad.

La esencia del *kaizen* es sencilla y directa: consiste en el mejoramiento progresivo y continuo que involucra a todos en la organización –alta administración, gerentes y trabajadores–.

Kaizen es asunto de todos. Esta filosofía supone que nuestra forma de vida –sea en el trabajo, en sociedad o en la vida familiar– merece ser mejorada de manera constante, puesto que todas las personas tienen un deseo instintivo de mejorarse.

---

39 En 1950, Deming fue invitado a Japón para enseñar el control de calidad estadístico en seminarios. Como resultado de su visita se creó el premio Deming.

Se trata de un enfoque humanista, porque espera que todos participen en él. Está basado en la creencia de que todo ser humano puede contribuir a mejorar su lugar de trabajo, en donde transcurre una tercera parte de su vida; es un camino, un medio, y no un objetivo en sí mismo, es una manera de hacer las cosas, una forma de gestionar la organización.

La percepción japonesa de la administración tiene dos componentes principales: el mantenimiento y el mejoramiento de los estándares actuales, que puede dividirse en *kaizen* e innovación. Mientras el primero es un proceso continuo, la innovación es, por lo general, un fenómeno de una sola acción. La diferencia entre estos dos conceptos opuestos puede ser comparada con una escalera y una rampa. Por eso *kaizen* se concentra en las personas, en tanto que la innovación está orientada a la tecnología y al dinero.

Hay tres tipos de empresas: las que hacen que las cosas pasen; las que miran cómo las cosas pasan y las que se preguntan qué habrá pasado. Las peores compañías son las que no pueden hacer más que mantenimiento, lo que significa que no hay impulso interno para *kaizen* o para la innovación; el cambio es impuesto a la organización por las condiciones del mercado y la competencia, y la administración no sabe adónde ir. El trabajo de la alta administración es mantener el equilibrio entre el *kaizen* y la innovación y nunca olvidar la búsqueda de oportunidades innovadoras.

Reflexionemos ahora sobre el cambio de Código Civil y Comercial y la aceptación del reto de *kaizen,* que implica conciencia social, educación, deseo de superación, responsabilidad por la propia vida y la de los otros, compromiso por hacer las cosas bien desde el comienzo, deseo de optar por una mejor calidad de vida.

El punto de partida de cualquier mejoramiento es saber con exactitud en dónde se encuentra uno. Se requiere un espíritu crítico muy fuerte. Es por eso que, generalmente, para obtener la mejora se realiza un cambio en el equipo de análisis: el que logró la mejora es asignado a otra tarea y un nuevo equipo se hace cargo de la segunda generación de mejoras. Esto es así para que no surja el problema psicológico que significa, hasta cierto punto, "matar" a su criatura, de la que se estaba orgulloso. Es fundamental reconocer la necesidad. Esto viene del reconocimiento de un problema. Si no se reconoce ningún problema, tampoco se reconocerá la necesidad de mejoramiento. La complacencia y la confianza exageradas son los enemigos de *kaizen*.

En las situaciones diarias, el primer instinto al enfrentarse con un problema es ocultarlo o ignorarlo, en vez de encararlo con franqueza. Esto sucede porque nadie desea ser acusado de haberlo originado. Además, está en la naturaleza humana no querer admitir que se lo tiene, ya que asumir los problemas equivale a confesar fracasos o debilidades. Sin embargo, los problemas podrían ser las llaves del tesoro oculto.

Una de las mejores formas de introducir la estrategia *kaizen* es en el transcurso de una crisis. Cuando se enfrenta una crisis, todo el mundo entiende que hay que cambiar la forma en la cual se están haciendo las cosas. El concepto sería: si uno tiene una crisis, puede convertirla en una nueva oportunidad. Es la alta dirección de la compañía la que debe estar plenamente comprometida con el cambio y dedicada a él. Debe tomar la condición de líder para que todo el mundo reconozca la necesidad de cambiar. Además, es indispensable obtener la aceptación de los trabajadores y vencer su resistencia al cambio.

Kaoru Ishikawa, administrador de empresas y experto en el control de calidad japonés, afirma que para hacer que todos participen de esta estrategia de manera positiva se necesita el entorno o la cultura organizacional adecuada. Calidad total empieza con educación y termina con educación.

La introducción y la dirección de *kaizen* deben organizarse de arriba hacia abajo. Pero las sugerencias deben surgir de abajo hacia arriba, puesto que las propuestas más específicas para el mejoramiento, por lo general, vienen de las personas que están más cerca del problema y más en contacto con los clientes.

Familia y entorno

En la familia sucede algo similar, aunque nos cuesta más identificar los procesos habituales porque suceden de una manera más natural. La familia se provee de hospedaje, alimento, salud, educación, esparcimiento, etc., y para todo ello requiere cierta organización y asignación de responsabilidades entre sus miembros. Igualmente, esos procesos sufren modificaciones en el tiempo, que adecuan el orden familiar a las novedades de la vida: nacimientos, maduración de los hijos, cambio de colegios, progreso económico, mudanzas, entre otras.

En el caso de la empresa, el entorno condiciona absolutamente sus operaciones y, en consecuencia, su estructura. Dentro de las condiciones del entorno, la empresa debe lograr ser eficiente y competitiva, para lo cual tiene que metabolizar las turbulencias y aprovechar las oportunidades de los mercados en los que participa. La dinámica de estos es permanente y agresiva, por lo que la empresa debe aprender a cabalgar esas mutaciones con velocidad y visión estratégica. Las relaciones con los clientes, los proveedores, las fuentes de financiación, los mercados de trabajo, los entes oficiales y reguladores y con toda la comunidad hacen que su situación nunca sea del todo estable.

En las familias, las relaciones con el entorno también son fundamentales pero no tienen la misma naturaleza que la de la empresa con sus mercados comerciales. La familia debe vivir en comunidad, educar a los hijos, participar de proyectos sociales y comunitarios, etc. Además de estas relaciones permanentes, con el tiempo la familia irá incorporando a nuevos miembros a través de matrimonios y de nuevas relaciones sociales y amistosas que influirán sobre el núcleo familiar y sus decisiones.

La salud de los sistemas sociales estará determinada por su capacidad de adaptación a las novedades del entorno. Es decir, la estructura –suma de recursos y relaciones de la organización– deberá ser reconfigurada para hacer que el sistema llegue a sus fines de la manera más exitosa según las condiciones del entorno. Los ajustes de misión, entorno y estructura son un juego de adaptación continuo y dinámico en el que radica la capacidad de evolución y crecimiento de una empresa.

La organización cambia para prosperar. Podemos decir que mantiene un diálogo abierto con su medio, y según las novedades que recibe debe reconducirse y adaptarse cada vez para lograr sus metas. En forma inversa, la inmovilidad y la rigidez la enferman.

También importa la cultura de los sistemas sociales. Cada sistema desarrolla sus reglas de comportamiento, sus códigos. Ese temperamento sobrevuela su forma de hacer las cosas y se constituye como una ley no escrita acerca de cómo proceder. Hay empresas más formales, otras más conservadoras o más audaces, etc. Esta manera de ser es una construcción muy sutil y propia de cada una de ellas, que se sanciona en el tiempo y de manera natural. El ejemplo de los líderes, la memoria colectiva de la organización, las reacciones en momentos críticos y en general los comportamientos demostrados a lo largo del tiempo van dejando una marca propia que cada organización sabe reconocer.

En las familias, esta cultura es un factor de reconocimiento y de identidad muy potente. Se es de determinada forma y en esa forma se educan a las nuevas generaciones. Los valores familiares son un fuerte argumento de comunión entre los miembros. Inculcar ese conjunto de valores tiene un doble efecto: es un factor de cohesión interna y también un límite que señala lo extraño.

Hemos visto cómo, en la empresa familiar, familia y empresa son dos sistemas sociales independientes pero altamente vinculados. Entender esta mutua influencia es determinante para un buen gobierno, ya que cada evento será metabolizado por la empresa y la familia según las características propias y particulares de sus sistemas. Y esos metabolismos no son siempre iguales sino que pueden ser contradictorios, dualidad que obliga a sus gobernantes a efectuar una atenta doble mirada de la realidad.

Si bien tendemos a ver a la empresa familiar como un fenómeno único, debemos reconocer que es la conjunción de dos sistemas sociales, en principio independientes, pero mutuamente conectados. Cada uno de ellos tiene su propia estructura, reglas de funcionamiento, medidas de éxito y entorno. Lo interesante es que los eventos principales que le sucederán a uno también afectarán al otro. Por ejemplo, una crisis económica o la enfermedad del jefe de familia. Cada sistema procesará estos eventos con sus propias reglas y producirá sus propias respuestas, cuyos efectos se verificarán en ambas estructuras en forma simultánea, puesto que familia y empresa están mutuamente condicionadas[40].

Además, tanto la familia como la empresa evolucionan en paralelo, cada cual bajo las reglas de su propia naturaleza: la familia tendrá hijos que crecerán y se incorporarán –o no– a la empresa, habrá matrimonios, separaciones, envejecimiento, diversos tipos y modos de vincularse, mientras que la empresa, si es exitosa, crecerá y madurará para hacer sustentable el negocio e incrementar el patrimonio familiar. Cada sistema es dinámico en sí mismo pero es a la vez dependiente de lo que ocurre en el otro.

---

40 Luis Galeazzi, Director de Consultoría de Barrero & Larroudé (Agromanagement). Fundador de E-campo y docente de Política de empresas en la Universidad Austral.

La estructura de los sistemas sociales puede analizarse de acuerdo con componentes independientemente variables: valores, normas, colectividades y roles. Una de las principales distinciones entre una empresa familiar y otra que no lo es la constituyen las relaciones interpersonales. La empresa familiar es una suma de personalidades[41]. Al mismo tiempo, en las relaciones entre empleados del mismo parentesco puede existir una confianza difícil de alcanzar con personas con las que no se mantiene un vínculo de sangre.

Pero para que las relaciones interpersonales en la empresa familiar supongan una ventaja competitiva frente al resto de compañías, es necesario que sean buenas; solo así se alcanzará un alto grado de unidad de la familia, se afianzará el sentido de pertenencia y se garantizará la continuidad de la empresa a través del tiempo.

La ética del carácter y la ética de la personalidad[42]

La ética del carácter se basa en la idea fundamental de que hay principios que gobiernan la efectividad humana, leyes naturales de la dimensión humana que son tan reales, tan constantes y que indiscutiblemente están tan allí como las leyes de la gravitación universal en la dimensión física.

Existen entonces principios básicos para vivir con efectividad. Las personas solo pueden experimentar un verdadero éxito y felicidad duradera cuando los aprenden y los integran en su carácter. Estos principios son, entre otros, integridad, fidelidad, valor, compasión, contribución, responsabilidad o justicia, y según Stephen Covey, permiten alcanzar una efectividad duradera.

---

41 Publicado en *Expansión* el 24 de marzo de 2008. Cátedra de Empresa Familiar-IESE-Business School, "Las relaciones interpersonales".

42 Covey, Stephen M. R.: *Los 7 hábitos de las personas altamente efectivas*, Paidós, Buenos Aires, 1998.

Este enfoque de la efectividad personal e interpersonal que se centra en principios y se basa en el carácter opera de adentro hacia afuera, lo que significa empezar por el interior de la persona: los paradigmas, el carácter y la motivación.

De adentro hacia afuera, es un proceso, un continuo proceso de renovación basado en las leyes naturales que gobiernan el crecimiento y el progreso humanos. Es una espiral ascendente de crecimiento que conduce a formas progresivamente superiores de independencia responsable e interdependencia efectiva.

A continuación aparece la ética de la personalidad[43]: desarrollo de la personalidad, habilidades para la comunicación, estrategias de influencia, pensamiento positivo. Esta ética se fija más en las técnicas que en los principios, se enfoca más en cómo parecer que en cómo ser.

El problema surge cuando la gente trabaja solo con la ética de la personalidad, es decir, solo en la punta del iceberg, preocupándose exclusivamente en aprender técnicas que otros puedan ver. Las técnicas son muy importantes, pero cuando se utilizan para cubrir la falta de carácter se vuelven manipuladoras y minan la confianza.

Hay que tener siempre presente que lo que somos puede transmitirse con una elocuencia mucho mayor que

---

43 Se puede definir la personalidad como un patrón complejo de características psicológicas profundamente incorporadas y estables, formada por elementos cognitivos (pensamiento), volitivos (voluntad), afectivos (emociones) y tendencias conductuales (inclinaciones). Es el sello de identidad de quien lo posee. Es una serie de características que definen la esencia de la persona. Esta esencia es intrínseca al individuo y proviene de la complicada matriz de determinantes biológicos y aprendizajes. Asimismo, la personalidad es la capacidad de funcionar de una manera autónoma y competente en el mundo. La personalidad madura permite al individuo relacionarse con los demás y con su entorno de un modo cálido, íntimo y con sentido amplio de sí y de los otros. Dota al individuo de seguridad en sí mismo, sentido del humor, empatía, entusiasmo e iniciativa.

cualquier cosa que digamos o hagamos, y que las técnicas, los programas y los métodos cambian, mientras que los principios, no.

La ética de la personalidad es beneficiosa y algunas veces, de hecho, esencial para el éxito, pero se trata de rasgos secundarios, no primarios. Tal vez, al utilizar nuestra capacidad humana para construir sobre los cimientos que nos han legado las generaciones que nos precedieron, inadvertidamente nos centremos tanto en nuestra propia construcción que olvidamos los fundamentos que la sustentan.

El falso encanto de la ética de la personalidad, su atractivo general, consiste en pretender alcanzar la calidad de vida de una forma rápida y sencilla (efectividad personal y relaciones ricas y profundas con otras personas), sin pasar por el proceso natural de trabajo y desarrollo que la hace posible.

Confianza y confiabilidad son la base del liderazgo personal e interpersonal, son el fundamento de la efectividad verdadera. Covey señala que debemos dar nuestro esfuerzo en el desarrollo del carácter.

Diferencia entre rol, trabajo y posición de trabajo

Un trabajo puede no significar lo mismo que una posición. Mientras una posición siempre es asignada solamente a un empleado, muchos empleados pueden tener el mismo trabajo.

El rol, en cambio, se define por las actividades y las competencias requeridas para acceder a él. Un rol puede ser un mayor grupo de tareas y actividades que reflejen unos aspectos específicos de un trabajo personal. Un trabajo puede tener múltiples roles.

En el caso de la empresa familiar, los que participan en ella pueden tener múltiples roles, no solo respecto de la empresa sino también en la familia, con diferentes objetivos en distintos equipos de la organización y en el sistema familiar, usando roles flexibles en distribución de actividades y ser la base para un equipo de trabajo.

En el capítulo sobre crisis y cambio de su libro *Pensamiento en Red*, la doctora Sonia Abadi expone que durante una situación inesperada, por ejemplo un accidente o un corte de luz, puede suceder que se modifiquen las jerarquías y los roles: aparecen líderes naturales, los que mandan siguen y los que saben lideran.

Lo notable es que si eso sucede en un grupo ya consolidado, ciertos cambios de roles van a transformar el equilibrio de los vínculos, produciendo un reordenamiento espontáneo de estos en la red. Un líder en red no solo permite que se activen los recursos de su propia red y de la red de su equipo, sino que detecta y acepta liderazgos alternativos.

Si analizamos qué tipo de mecanismos se despliegan en las empresas familiares y observamos las ventajas de este modelo de liderazgo, podemos concluir que pensar en red surge del aprendizaje de una disciplina, no es solo la incorporación de conocimientos, sino un entrenamiento que incluye formación de la personalidad, una manera de estar en el mundo, un sistema de valores.

Cuando el pensamiento lineal se entrama con el intuitivo, se teje pensamiento en red, hay creatividad, innovación, empatía, conectividad, integración, colaboración[44]. Es de gran valor enseñar a trabajar en red: de este modo, cuando por ejemplo un familiar se va o no participa de la empresa familiar, será considerado como un embajador, y no como un traidor.

Mente conectiva, corazón colaborativo. Integrar es mejor que tomar el sistema Empresa como con predominio de la razón y al sistema Familia como con predominio de lo

---

44   Abadi, Sonia: médica psicoanalista e investigadora argentina de redes humanas, autora de *Pensamiento en Red. Conectando personas y proyectos*, Grupo Abierto Libros, Buenos Aires, 2014.

emocional y los afectos. En este nuevo modelo de sistemas vivos, no habría entre ellos una intersección que generase una zona de conflicto, sino una red de interconexiones con lazos fuertes y lazos débiles.

Más que una revolución, una revelación

En momentos de gran peligro o crisis tendemos a refugiarnos en los lazos fuertes, certezas, supervivencia, familia. Los momentos de crecimiento y desarrollo, de paz, hay que aprovecharlos para conectarnos con los lazos débiles. En un sistema de creencias se puede dialogar con uno mismo y con los otros.

Familias, tipos y modos de ser

Familias

Los distintos cambios que ha tenido que enfrentar la familia actualmente han hecho que se realicen estudios para investigar qué es lo que les pasa a las familias hoy. Pregunta nada fácil de responder pues en las últimas décadas son variadas las formas en que ésta ha sufrido cambios que la hacen compleja y a la vez interesante.

La familia es un hecho social universal, ha existido siempre a través de la historia y en todas las sociedades.

La familia constituye el primer núcleo de la sociedad, en el cual todo ser humano participa. Representa el tipo de comunidad en la que se encuentran unidos variados aspectos de la sociedad: económicos, jurídicos, socioculturales.

La familia es la más compleja de todas las instituciones; aunque en nuestra sociedad muchas de sus actividades tradicionales hayan pasado parcialmente a otras, todavía quedan sociedades en las que la familia continúa ejerciendo las funciones educativas, religiosas protectoras, recreativas y productivas.

La familia es una institución que influye con valores y pautas de conducta que son presentados especialmente por los padres, conformando un modelo de vida transmisor de normas, costumbres, valores que contribuyan a la madurez y autonomía de sus hijos.

Esta relación se basa en fuertes lazos afectivos, pudiendo sus miembros formar una comunidad de vida y amor.

Esta familia es exclusiva, única, implica una permanente entrega entre todos sus miembros, sin perder la propia identidad.

Entendemos de esta manera que lo que afecta a un miembro puede afectar directa o indirectamente a toda la familia; por ello, entonces, hablamos de sistema familiar, de una comunidad que es organizada, ordenada y jerárquica, y muchas veces relacionada con su entorno.

La familia no es una persona ni una cosa, sino una comunidad.

No es lejana la realidad de la violencia intrafamiliar, los abusos sexuales, abandonos de los hijos, problemas de comunicación y comprensión que llevan a los más débiles de la familia a ser vulnerables a un sin fin de riesgos como las drogas, la violencia y otros delitos contra la sociedad.

En ocasiones, algunos padres transfieren a otras instituciones las tareas familiares, porque las actividades que realizan requieren del apoyo de otras que les proporcionen un medio eficaz de conseguir los mismos propósitos. Entre las más importantes se señala a la escuela.

Existen varios criterios que pueden servir para tipificar la familia; algunos de ellos podrían ser su forma de organización y su estructura. Entre las familias organizacionales se encuentran las tradicionales, las familias en transición y las contraculturales. Entre los tipos de familias que se basan en su estructura se destacan la familia nuclear, la monoparental, la reconstituida, la familia después del divorcio.

En cuanto a sus funciones, vemos que, independientemente del tipo de familia que se trate, esta cumple ciertas características básicas que están relacionadas con lo que la familia hace.

De hecho, como institución primordial de la sociedad, la familia desempeña ciertas funciones básicas que le son propias y que pueden variar en la forma cómo se expresen en el tiempo, pero en todas las épocas las familias las han ejercido.

La familia está orgánicamente unida a la sociedad; en este sentido, transforma la sociedad, es revolucionaria al provocar cambios sustanciales. En la familia se hacen ciudadanos, se engendran la vida y el desarrollo de la sociedad, constituyendo el lugar natural y el instrumento más eficaz de humanización de la sociedad; colabora de manera original y profunda en la construcción del mundo, haciendo una vida propiamente humana, en particular protegiendo y transmitiendo las virtudes y los valores.

La familia es el lugar por excelencia donde todo ser humano aprende a vivir en comunidad con actitudes de amor, respeto, servicio, fraternidad y afecto.

Sin duda, por lo que se expuso en el presente trabajo, los cambios culturales en las familias ejercen influencia sobre las empresas familiares, al haber sufrido transformaciones pasando de las familias tradicionales, por ejemplo, a familias en transición, familias no convencionales en su organización y funcionamiento.

Si tomamos la tipología de las familias desde el punto de vista de su composición y parentesco por mencionar algunas: familias nucleares, familia de madre soltera, de padres separados, estas cuentan con una dinámica interna propia.

- *Familias tradicionales*: se caracterizan por poseer una estructura de autoridad donde se evidencia un claro predominio masculino. En ellas existe una división sexual del trabajo: el padre es sobrevalorado por el rol de proveedor y la madre por su papel en las labores de casa y crianza. Suele haber rigidez en los roles de sus integrantes, la cual les dificulta la adaptación a circunstancias imprevistas que impliquen una variación en los mismos.

- *Familias en transición*: en esta familia, los roles son transformados considerablemente, así como las estructuras de poder de los contratos matrimoniales tradicionales, aunque estos no se han revertido por completo y aún conservan vigencia las viejas prácticas y los sistemas de los integrantes de la pareja. Los padres comparten autoridad y presentan expresiones afectivas mucho más frecuentes con los hijos y la pareja. Buscan entablar confianza, comunicación y cercanía con ellos.
Las mujeres acceden al mercado laboral remunerado y contribuyen al sostenimiento económico de la familia. El reto es encontrar una solución a las tensiones que se producen por sus deseos de estudiar, trabajar, tener una pareja y ser madre.
- *Familias no convencionales*: se alejan del esquema culturalmente establecido en cuanto a los roles masculino y femenino. Las mujeres son activas, se proponen altos ideales personales a realizar por medio del trabajo profesional y su aporte económico al mantenimiento del hogar. En general, dejan el cuidado de los hijos a otras personas.

Tipología de la familia desde el punto de vista de su composición

- *Familias nucleares*: esta familia está compuesta por ambos padres y los hijos viviendo en un hogar. La familia nuclear se considerada ideal social, de mayores recursos económicos, pues se cuenta con los ingresos íntegros de ambos padres, con una parentalidad en la que se pueden dividir los roles en el cuidado de los hijos, lo cual representa un aumento de la cantidad y calidad del tiempo que se les dedica, apoyo mutuo ante las dificultades o los retos que implica la crianza y una mayor estabilidad emocional de ambos padres.

- *La familia extensa o consanguínea*: se compone de más de una unidad nuclear, se extiende más allá de dos generaciones y está basada en los vínculos de sangre de una gran cantidad de personas, incluyendo a los padres, niños, abuelos, tíos, tías, sobrinos, primos y demás; por ejemplo, la familia de triple generación incluye a los padres, a sus hijos casados o solteros, a los hijos políticos y a los nietos.

- *La familia monoparental*: es aquella que se constituye por uno de los padres y sus hijos. Puede tener diversos orígenes, ya sea porque los padres se han divorciado y los hijos quedan viviendo con uno de ellos; por un embarazo precoz donde se configura otro tipo de familia dentro de la mencionada, la familia de madre soltera; por último, da origen a una familia monoparental el fallecimiento de uno de los cónyuges.

- *La familia de madre soltera*: en ella, la madre desde un inicio asume sola la crianza de sus hijos/as. Generalmente, es la mujer quien, la mayoría de las veces, asume este rol, pues el hombre se distancia y no reconoce su paternidad por diversos motivos. En este tipo de familia, se debe tener presente que hay distinciones, ya que no es lo mismo ser madre soltera adolescente, joven o adulta.

- *La familia de padres separados*: familia en la que los padres se niegan a vivir juntos; no son pareja pero deben seguir cumpliendo su rol de padres ante los hijos por muy distantes que se encuentren. Se niegan a la relación de pareja, pero no a la paternidad y maternidad.

Modos de ser familia - Personalidad de la familia

Como hemos visto, hay diversos tipos de familia y por ello son múltiples las formas en que cada uno de sus miembros se relaciona y vive cotidianamente. Para entender un poco mejor los modos de ser familia, veremos a continuación algunas de sus características más importantes.

- *Familia rígida*: dificultad en asumir los cambios de los hijos. Los padres brindan un trato a los niños como adultos. No admiten el crecimiento de sus hijos. Los hijos son sometidos por la rigidez de sus padres, quienes se muestran permanentemente autoritarios.
- *Familia sobreprotectora*: preocupación excesiva por cuidar a los hijos. Los padres no permiten el desarrollo y la autonomía de los hijos, quienes no aprenden a ganarse la vida, ni a defenderse, tienen excusas para todo. Los padres retardan la madurez de sus hijos y, al mismo tiempo, hacen que estos dependan extremadamente de sus decisiones.
- *La familia centrada en los hijos*: hay ocasiones en que los padres no saben enfrentar sus propios conflictos y centran su atención en los hijos; así, en vez de tratar temas de la pareja, traen siempre a la conversación temas acerca de los hijos, como si este fuera el único punto de conversación entre ellos. Este tipo de padres busca la compañía de los hijos y depende de ellos para su satisfacción.

La empresa familiar, de sistemas sociales entrelazados a sistemas en red

Tanto la familia como la empresa enfrentan el dilema crucial que es el cambio de visión que está ocurriendo en la cultura occidental. En esta época que privilegia lo veloz, lo nuevo, el éxito fácil y el artificio, el conocimiento es el recurso sostenible por excelencia; el mundo actual se rige por la inmediatez, pero no se debe olvidar que la mayor parte de las creaciones tecnológicas han surgido en el tiempo del esfuerzo, el conocimiento y la crítica.

En nuestro país, algunos problemas son de política pública y otros son pedagógicos y, además, están los problemas culturales. La cultura ha cambiado, hay que adaptar la forma de transmitir conocimiento porque el saber se ha multiplicado de forma exponencial.

En mi opinión, el salto cualitativo y cuantitativo de las tecnologías afecta al ámbito de la empresa familiar, y la real conexión entre las familias y las empresas, que se basa fundamentalmente en la mutua confianza, genera redes conectivas y colaborativas[45].

Desde una perspectiva cultural y social, la inserción de la mujer en el mercado laboral históricamente ha presentado muchas situaciones de desigualdades de género, por ejemplo, las tasas de desocupación femenina son más elevadas que la de los hombres, tienen menores ingresos, promoción diferente a determinados sectores de las actividades empresariales, horarios prolongados que no contemplan aspectos de la vida familiar, excedencias por maternidad poco extensas, etc.

Esta realidad también se evidencia en la empresa familiar, tanto en sus mejores momentos como cuando tienen que resolver las crisis. Los múltiples roles de la mujer en la empresa familiar, como un integrante más, cada vez más en lugares de decisión, no es sencillo de cambiarlos en tanto no se modifique la cultura familiar que inevitablemente es trasladada a la cultura empresarial.

---

45 *Ibidem.*

Nuestro desafío como profesionales especializados en la problemática de la empresa familiar es trabajar sobre las fuerzas de cambio y sus barreras, cambios para alcanzar un equilibrio que influya favorablemente. Estos impulsores, fuerzas de cambio cultural y social, harán más productiva y eficiente la estructura del sistema de la empresa familiar.

El Código Civil y Comercial ha sido objeto de reformas muy significativas al ocuparse fundamentalmente de la persona, de sus libertades y de sus relaciones de familia, pero también respetando esa libertad y esa pluralidad que tiene la sociedad actual.

La **reforma y unificación de los Códigos Civil y Comercial** trata de un cambio cultural muy importante que actualiza la legislación, ya que el legislador respeta toda su diversidad y trata de darle efectos jurídicos, respetando la elección de la gente y no solo con un único modelo.

Contempla celeridad en los trámites de adopción y de divorcio, habilita contratos antes y después de casarse referidos a bienes patrimoniales, prevé beneficios a integrantes de uniones de convivencia como opción de vida y abre la discusión sobre fertilización, entre otras situaciones, a través de la incorporación de nuevos derechos adquiridos, en materias centrales para la vida cotidiana, las sociedades comerciales y los contratos, entre otros.

Conclusiones

Nuestro gran desafío como consultores es facilitar la integración de la empresa familiar, que la enriquece y la expande, aprender cómo equilibrar sus momentos de contracción y de apertura. Pero también:

• Divulgar conceptos, practicar comunicación efectiva, movilizar acciones para el cambio, algunas de las cuales pueden ser transformaciones.

- Concientizar este proceso de cambio. Es vital conocer la dinámica del cambio para comprender cómo la gente responde.
- Intervenir con nueva mirada sobre la diversidad de familias que aparecen y legitiman las prácticas sociales y culturales.
- Identificar en esta transición la brecha que provocan los cambios de paradigmas tomados en el nuevo Código Civil y Comercial y su relación e influencia sobre las familias empresarias.
- Transitar el "valle de la desesperación" con adaptación, compromiso e involucramiento con el cambio.
- Implementar estrategias y planes de cambio desde un enfoque integrado y con pensamiento en red, conectivo y colaborativo.

El comportamiento humano está condicionado por la cultura, la historia y el discurso ideológico de la sociedad en la que vino a nacer. Esta parte de la naturaleza humana es cambiante y se encuentra en permanente evolución.

Primer mandamiento:
"No procrastinarás la sucesión"

Los jóvenes no pueden ser de entrada creadores
e innovadores. Inicialmente son herederos.
MAURICE MERLEAU-PONTY[46]

Introducción

En una empresa familiar, el fundador que procrastina[47] la decisión de la transmisión del "bastón de mando" a la siguiente generación, por no sentirse preparado, por sus creencias, por miedo al fracaso –esperando que todo se resuelva por sí solo– está presentando, en el fondo, una con-

---

46 Filósofo francés (1908-1961), fenomenólogo de la percepción.

47 Procrastinar: postergar la identificación o el tratamiento de los factores de mayor criticidad (explícitos o implícitos, vigentes o latentes) en el proceso de protocolización. Se debe tratar y acordar sobre los factores de mayor complejidad, no dejarlos para otro momento para evitar de sentirse emocionalmente incómodo. La procrastinación, en particular, es un problema de autorregulación y de organización del tiempo. Su solución consistiría, entre otras cosas, en lograr una adecuada organización del tiempo, concentrándose en realizar tareas importantes que tienen un plazo de finalización más cercano.

ducta evasiva. O sea, la antítesis del primer mandamiento, predicando: "Después de mí, el diluvio".

Nos preguntamos si las familias empresarias harán una buena transición generacional siempre que se capitalice la experiencia de los fundadores, tomando en cuenta a los que ya hicieron el camino y regalan su testimonio, ya sean padres, abuelos o profesionales. El saber implica conocimientos, pero la experiencia es la que nos hace acreedores del verdadero saber. La primacía de la percepción significa la primacía de la experiencia, en la medida en que aquella presenta una dimensión activa y constitutiva.

Sin hacer una apología de la tradición, hoy, ¿qué tan receptivos de los lazos entre lo antiguo y lo nuevo son los que pertenecen a las nuevas generaciones?

"El individuo actual se considera soberano, patrón de su vida, liberado de lo dado, de toda influencia extraña a su voluntad", afirma Guillermo Jaim Etcheverry en una nota en el diario *La Nación*[48]. Esto pone de manifiesto un respetuoso temor. Temor por el pasado, por la continuidad que establecen los objetos y las obras, por la comunidad de sentidos que nos vincula, no solamente con nuestros contemporáneos sino también con los que han muerto y con los que vendrán después de nosotros[49].

Retomemos el concepto de Peter Leach: el *negocio de familia* es la combinación de dos modelos o lógicas, la familiar y la empresarial. El campo de estudio es amplísimo, pero si nos focalizamos en la **zona de conflicto**, es decir, en el solapamiento entre el sistema Familia y el sistema Empresa, factores que en otra época eran férreos, sobre todo la "pertenencia permanente de los miembros" y el hecho de "minimizar los cambios", observamos que este cruce es más

---

48 Recuperado en: https://www.lanacion.com.ar/lifestyle/la-sabiduria-de-la-vida-nid1577016.

49 Etcheverry, G. J.: "Educación y cultura, una encrucijada", en: *Boletín de la Academia Nacional de Educación*, N° 43, Buenos Aires, junio 2000.

Figura 26. Dos lógicas

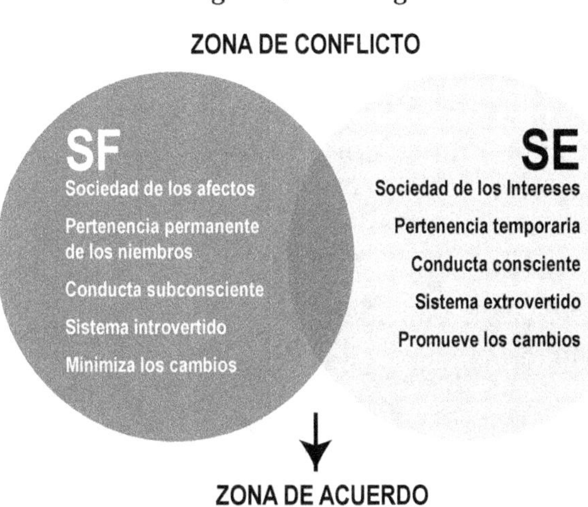

dinámico, flexible y hasta difuso, que se transformó con el tiempo, que hubo una **evolución** asociada a las nuevas tecnologías y a las relaciones entre los individuos de cada sistema.

Figura 27. Cruce dinámico de los dos sistemas

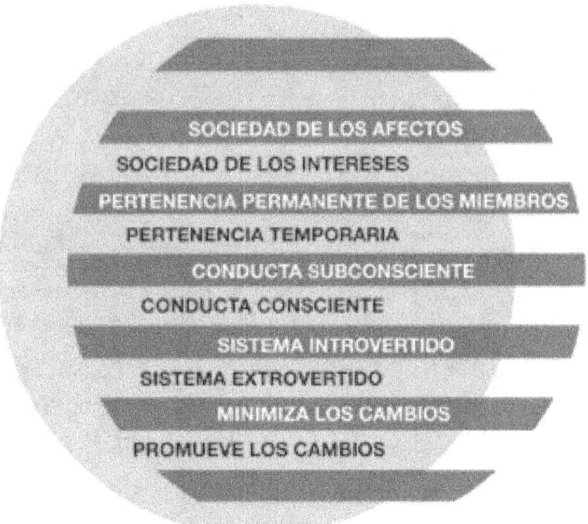

Las nuevas tecnologías no son simples avances sino que modifican la vida diaria. El hecho de que el dueño de la empresa esté conectado *full life* a través de la tablet, esto también es evolución. Y ni hablar de la necesidad de los jóvenes de estar siempre conectados, aunque no sea para trabajar o estudiar.

¿Por qué es evolución y no cambio o simples transformaciones?

Tomemos una de las acepciones de evolución: "Proceso continuo de cambio en los seres vivos, mediante modificaciones progresivas".

- Por ejemplo: una transformación es pasar del carro al automóvil. Evolucionar es el cambio que el auto produce en la vida diaria, porque el que evoluciona es el que lo usa. Algo similar estaría pasando con los usuarios de las nuevas tecnologías. Las herramientas que formamos terminan formándonos a nosotros.
- Construir con lo nuevo, no con lo viejo, así hablan las nuevas generaciones seguramente tiene que ver con la evolución, con el registro generacional que ellos tienen. No sería raro que en los jóvenes crezca la idea de que "mis padres trabajaron muy duro y no disfrutaron de la vida, así que yo quiero vivir ahora".
- La forma en que nos comunicamos, nos relacionamos, pensamos en red, el poder de innovar y de la inteligencia colectiva. Todo está a un *click* de distancia, se diluyen los límites.
- El Departamento de Recursos Humanos comenta que cuando selecciona personal, en las primeras entrevistas laborales, los jóvenes preguntan cuándo van a tener sus vacaciones y cuántos días les corresponden.

¿Cómo es el clima laboral? ¿Y el cuidado del medio ambiente? ¿No es esto una evolución respecto de la postura que se tenía hace unos años en una entrevista?
- Será un crecimiento, o hay otra forma de esperar el futuro, tal vez con más calma y de manera más natural.
- Por otro lado, podemos plantearnos si esta evolución no empezó mucho antes, con los *Baby Boomers*, como veremos luego. Ellos son los que piensan en la ocupación *full life*. Esos fundadores que hoy no quieren retirarse porque no saben qué hacer después de la vida laboral evolucionaron con respecto a sus mayores. Antes se apuntaba a la vida después del retiro. Hoy, por convicciones personales o motivos económicos, esa vida posterior es confusa e incluso da miedo encararla. Aferrarse al presente parece ser la opción, tanto para los que entran en el mercado laboral –y preguntan cuántos días tienen de vacaciones sin importar cuánto crecimiento pueden tener en la empresa– como para los que tendrían que salir y no quieren retirarse.

Entonces, podríamos plantearnos como evolución las transformaciones que ocurren.

Según los autores Mucci y Tellería[50], no solo compartimos momentos, sino acciones y formas de ejercerlos; aparecen los roles, como tipificación de un entretejido que traen de la afectividad familiar y el conocimiento de la efectividad empresarial.

Nos hallamos en un proceso dialéctico entre la familia y la empresa. Este proceso se evidencia en la condición humana de cada individuo y se desenvuelve en una condición histórico-social ya estructurada que comienza a existir en

---

50 Mucci, Ottorino Oscar y Tellería, Elba Delia: *Empresas familiares: introducción, características y roles*, UNMDP, Mar del Plata, 2003.

los primeros pasos de la socialización familiar y se concreta en la identidad alcanzada en la empresa.

Observamos, desde la familia, la adecuación subjetiva y objetiva de la educación y la imitación de modelos que le permitirán su acceso a otras esferas, una vez internalizadas las pautas recibidas. La misma convivencia generacional reforzará los comportamientos sociales de manera significativa.

Y desde la empresa, asimilando conocimientos específicos arraigados en la actividad laboral.

Los estrechos vínculos que se van desarrollando, oscilando en los dos ámbitos, dificultan la tarea empresarial, origina conflictos que si no son solucionados rápidamente pueden devenir en separaciones traumáticas en cualquiera de ellos.

Favier Dubois (h)[51] explica: "El objeto primario del protocolo es el de fortalecer la empresa familiar neutralizando sus debilidades en sus cuatro planos: familiar, empresarial, patrimonial y jurídico. Dicho fortalecimiento constituirá un instrumento para reducir las hipótesis de conflictos y/o para que una vez desatados, puedan manejarse y dirimirse al menor costo posible".

O sea que el protocolo busca un adecuado equilibrio entre el interés familiar y el interés social en atención a un recíproco beneficio.

Es destacable el valor de la historia familiar como narrativa dominante de las conductas, ya que el discurso constituye un esquema de guiones que conforma estructuras y adquiere carácter fuertemente persuasivo para el decisor por tener apariencia objetiva[52].

Cada protocolo debe ser elaborado para cada familia, cada empresa, tomando en cuenta sus diferencias y sus propias temporalidades.

---

51 Favier Dubois, Eduardo M.: *El protocolo de la empresa familiar*, Ad-Hoc, Buenos Aires, 2011, pp. 40-41.
52 Anscombre, J.-C., y Ducrot, Oswald: *La argumentación en la lengua*, Gredos, Madrid, 1994.

Figura 28. Protocolo: adecuado equilibrio entre intereses familiares y empresariales

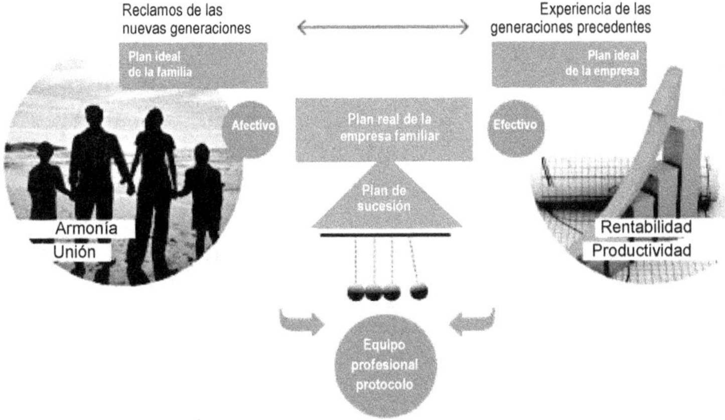

Generaciones distintas y aspiraciones diversas

El dinamismo de la familia actual y la coexistencia de distintos tipos de vínculos[53] y relaciones[54], nuevas uniones que surgen de familias ensambladas, uniparentales, matrimonios

---

53 Vínculo: término que deriva del latín *vinculum*. m. unión o atadura de una persona o cosa con otra. Ej. matrimonial. Se usa también para expresar: unir, juntar o sujetar con ligaduras o nudos. Se refiere a atar duraderamente. Los vínculos familiares son una fuente nutriente de los más profundos sentimientos humanos positivos o negativos. DER. Sujeción de unos bienes o del ejercicio de ciertos derechos al goce de determinados sucesores, con prohibición de enajenarlo INFORM. Elemento o zona activa de una página web que, al ser seleccionado, trasfiere al usuario a otra zona de la página, a otra página web, dirección de correo u otro servicio de Internet. Se representan con palabras subrayadas o gráficos recuadrados. *Diccionario Enciclopédico Vox 1*. © 2009 Larousse Editorial, SL.

54 Relación: el concepto relación puede referirse a muy distintos ámbitos y a todo tipo de ciencias. En el sentido de "relato", en el sentido de "conexión" e influencias entre las personas de un grupo o entre grupos. Trato o unión que hay entre dos o más personas: relación de trabajo; relación amorosa; relación de parentesco.

igualitarios traen aparejado el cuestionamiento del modelo único e indiscutido que había en décadas pasadas. Hoy, la palabra familia evoca en cada persona una experiencia propia.

"Quizá pudiéramos coincidir en un punto: la aspiración a que una familia sea, antes que nada, un lugar de respeto, de estímulo para el desarrollo de las mejores cualidades de cada quien, un encuentro enriquecedor de diferencias, un lugar en el que cada cual se ve honrado por lo que es, un espacio en el cual nacer, transcurrir y morir habiendo encontrado un sentido a la experiencia, una escuela de amor hecho verbo".[55]

> La familia venidera debe reinventarse una vez más", dice Elisabeth Roudinesco[56]. Antes, recuerda que la familia es siempre una construcción humana, en la que se asocian un hecho de la naturaleza, como es la reproducción biológica, y sucesos culturales, como son la alianza de dos personas –en principio, un hombre y una mujer– para garantizar la transmisión de patrimonios, conocimientos, mandatos, actitudes, filiaciones.

En las familias empresarias puede haber convivencia de generaciones distintas y aspiraciones diversas.

Por primera vez en la historia, cuatro generaciones pueden coincidir en el mismo tiempo y espacio de trabajo, que en poco tiempo serán cinco –al final de la segunda década de este siglo, ya estarán activos los nacidos desde 1997–.

Gracias a cambios culturales, productivos, tecnológicos, demográficos, así como en las condiciones de salud de las personas, hoy presenciamos una diversidad generacional nunca antes vista en el mundo del trabajo: un alto porcentaje de profesionales se relaciona con al menos tres generaciones en el lugar de trabajo[57].

---

55 Sinay, Sergio, especialista en vínculos humanos. *La sociedad de los hijos huérfanos*, Ediciones B, Buenos Aires, 2007.

56 Roudinesco, Elizabeth, historiadora francesa del psicoanálisis, *La familia en desorden*, Anagrama, Barcelona, 2004.

57 Manpower Inc., *Reescribiendo las reglas: la interacción generacional en el trabajo*, México D.F., 2010.

Estas generaciones que hoy conviven en el mundo laboral tienen una diferencia máxima de 51 años.

- Comprenden desde los "Tradicionalistas" (nacidos antes de 1946): son longevos y tienen expectativa de buena calidad de vida.
- Los *Baby Boomers* (nacidos entre 1946 y 1964): son los optimistas que crecieron en la posguerra.
- Los miembros de la Generación X (1965-1980): son los primeros "hijos del divorcio" en vivenciar las familias ensambladas y el ocaso de la fe en "un mañana mejor", creativos y escépticos.
- Generación Y/*Milennials* (1981-2000): a diferencia de los jóvenes Y, hiperatareados y competitivos, los *Milennials* se toman todo con más calma. Se les critica que viven el presente sin ahorrar o preocuparse por el futuro.

El origen de los contrastes generacionales varía, dependiendo de qué grupos de edad y temas específicos se pretende comparar. Por ejemplo, la cuestión de la actitud ante la autoridad en el lugar de trabajo se relaciona con la brecha generacional. En este sentido, los Tradicionalistas suelen entender las jerarquías como una fuente natural de liderazgo, mientras que la Generación X tiende a reaccionar con desinterés ante la autoridad, identificando muchas veces el liderazgo como función de la competencia. Pero este contraste no se explica únicamente a través de la edad: los *Net Generation* (nacidos entre 1977 y 1997) presentan una actitud de cortesía ante la autoridad y entienden el liderazgo como una actividad colectiva.

Es posible afirmar que la diversidad generacional es un fenómeno que deja huella en la cultura organizacional.

Por su parte, la incidencia de conflictos entre generaciones se presenta de manera distinta según los individuos que estén interactuando. Por ejemplo, los *Baby Boomer* y los Tradicionalistas reportan una actitud de indiferencia ante la Generación X, que no se repite en ninguna otra comparación. Este fenómeno se podría explicar sobre la base de los actuales o potenciales procesos de sucesión generacional. Si combinamos esta observación con el aplazamiento de los retiros laborales, podríamos concluir que los mayores de 50 años no están conformes con retirarse y muestran cierto recelo ante aquellos que aspiran a sucederlos.

Entender las motivaciones y las interacciones entre cada generación es importante para gestionar estas situaciones con el objetivo de aprovechar la diversidad como palanca y como ventaja.

La diversidad bien manejada se convierte en una fuente de riqueza de ideas y soluciones, para consolidar el éxito, hacer eficientes los recursos, integrar grupos humanos sólidos y garantizar la vigencia de los valores de las organizaciones.

A continuación mencionaremos algunas de las principales características de la clasificación sobre la Generación Y (*Net Generation*) y los *milennials* que se plantea en la mayoría de los estudios sociológicos sobre este tema.

Principales rasgos de la Generación Y

- Fueron criados rodeados de tecnología.
- Construyen fuertes redes sociales.
- Son individualistas, todo está vinculado al gusto personal y la utilidad.
- Son impacientes, quieren todo ya.
- Todo en su entorno es en tiempo real y están siempre conectados. Toman decisiones en tiempo real y exigen inmediatez en las respuestas y en los resultados.
- Manejan muy bien el presente, no les interesa mucho el pasado y se despreocupan por el futuro.

- Vivir a pleno el presente es la consigna.
- Le dan importancia a su carrera personal por sobre su carrera en la compañía.
- Buscan un balance entre su vida personal y el trabajo.
- Prefieren la estabilidad en la empleabilidad a la estabilidad en el empleo. Le dan importancia a la emocionalidad y detestan la insensibilidad en las organizaciones (clima laboral, cuidado del medio ambiente).
- Valoran el diálogo de igual a igual, lo ven como el mejor reconocimiento. Son exigentes en temas como el tipo de tareas que se les asigna, los tiene que divertir, motivar, o deben sentir que se benefician en su crecimiento personal.
- Los 20 son ahora la edad para la educación, para viajar y para formar, desmantelar y reformar relaciones. Es también tiempo para la prueba de opciones de empleo antes de establecerse en las responsabilidades de la edad adulta en el momento apropiado de los 30.
- La educación convencional choca con esta generación. Tendría que atender a los distintos estilos de pensamiento y preferencias naturales.

Estilos de pensamiento

- Estilo I. Analítico y cuantitativo lógico matemático (pensador)
- Estilo II. Secuencial y detallado pensamiento (sensible)
- Estilo III. Empático e interpersonal (sensitivo)
- Estilo IV. Visionario y pensamiento creativo (intuitivo)

Figura 29. VD. Los cuatro estilos de pensamiento[58]

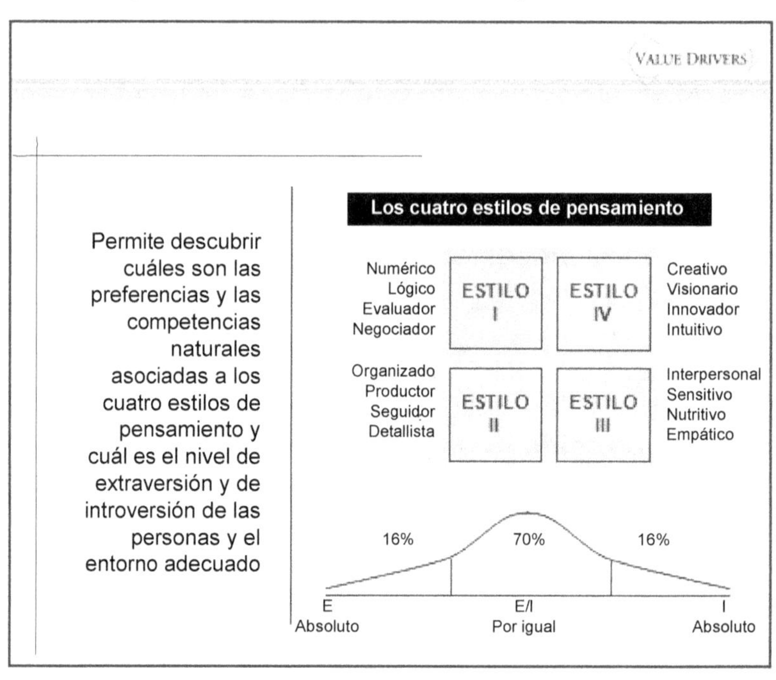

Paradoja de la Generación Y: por una parte cuentan con mayor y mejor educación, han viajado bastante, se encuentran cultural y tecnológicamente conectados en un mundo global, pero, por otra parte, la mayoría sigue viviendo con sus padres, tienen problemas para equilibrar sus presupuestos personales y hacen mala administración del dinero.

---

58 Crowe Horwath, "Los cuatro estilos de pensamiento", *Value Drivers*, Buenos Aires, 2011.

Principales rasgos de los *Millennials*

Si algo caracteriza a los *Millennials*[59] es "la necesidad de estar permanentemente conectados a la Web, así como una idea de intimidad muy diferente de la de las generaciones anteriores".

- Condicionados por las nuevas tecnologías, la comunicación que se practica es "vivir en Internet".
- En las empresas familiares donde la energía y el trabajo duro es *full life*, ¿será *full life* en Internet?
- Son hipercompetitivos y los primeros en vivir el *boom* tecnológico.
- Al subgrupo de entre 16 y 25 años se lo llama "chicos de la cultura wiki" o "*Google Generation*", son los llamados "nativos digitales". La brecha tecnológica es una cuestión más generacional que de nivel de ingresos, ya que la conexión con la tecnología atraviesa a todos los sectores sociales. No ven la tecnología como una entidad aparte, sino como algo natural que es parte de sus vidas.
- Si bien hoy los chicos tienen más contacto virtual que real con los amigos, en los valores que priorizan en su vida, los amigos y la familia aparecen en primer lugar.
- La capacidad *multitasking*, hacer varias cosas al mismo tiempo, es un rasgo central de las nuevas generaciones. Son los "hijos del *zapping*" y trasladan esta facilidad de saltar de una cosa a la otra al estudio, al

---

59 Neil Howe y William Strauss, autores de *Millennials Rising, the Next Generation* (El ascenso de los *Millennials*, la nueva generación), describen a estos adolescentes y jóvenes como sobreestimulados, saturados de actividades desde la niñez, que buscan la satisfacción inmediata, pero no son rebeldes, como los *Baby Boomers*, o escépticos, como la Generación X, sino más bien optimistas y muy colaboradores. La cultura wiki (por Wikipedia) les sienta mucho mejor que la hipercompetitividad de las generaciones anteriores.

trabajo y a las relaciones interpersonales. No terminan de engancharse con nada. No arraigan. Cuesta lograr que mantengan el interés o el compromiso con algo, se lamentan padres y educadores.

- Se comportan como consumidores exigentes y eligen estudiar solo lo que les gusta. Así son los hijos del milenio.

- Históricamente, de un hombre se requería capacidad de trabajo, de provisión y de cumplimiento con sus obligaciones. De una mujer, abnegación para la crianza, la nutrición, las tareas domésticas. Cumplidos estos requisitos, se los consideraba aptos para iniciar la tarea. Luego, la seguirían sus hijos y así hasta el infinito. Apenas si la muerte se permitía proponer recambios en los elencos.

- En líneas generales, los *Millennials* han crecido con mayor diversidad y libertad. Están convencidos de que hombres y mujeres están en pie de igualdad –sus papás los han bañado y cambiado los pañales mientras mamá trabajaba–, y el acceso a nuevas tecnologías les permite tener amigos en países lejanos y con culturas diferentes.

- A diferencia de sus padres, ya no consideran la estabilidad laboral como un valor ni se esfuerzan en buscarla. Viven en un mundo líquido, como describe el filósofo Zygmunt Bauman[60], donde nada es sólido ni permanente. Una primera camada está llegando a las universidades y al mundo del trabajo, provocando cambios en las estructuras y organizaciones.

- Son chicos con agenda completa, sobreestimulados y sobreprotegidos por sus padres que se involucran mucho en sus actividades para compensar el poco

---

60 Bauman, Zygmunt: *Modernidad líquida* (FCE, Buenos Aires, 1999) y *Vidas desperdiciadas*, FCE, Buenos Aires, 2005.

tiempo que disponen para estar con ellos. Tal vez el problema principal sea la falta de límites. A los padres, les cuesta cada vez más decirles no a sus hijos.

- Cuando es así sobreviene, como describen Jaume Soler y Merce Conangla, el caos más total y absoluto: "No hay pautas claras. No se ponen límites. A veces lo intentan, pero enseguida los adultos de referencia –padres o madres– se olvidan de que los han puesto, perdidos en su propio caos. Los menores también están desorientados, se ponen nerviosos e intentan adueñarse del territorio familiar quedándose solo con lo que les va bien y huyendo de tareas y responsabilidades[61]".

Aparecen también familias adictivas en muchos aspectos.

En la Argentina, los *Millennials* pertenecen a una generación que siempre vivió en democracia. Pero fueron marcados a fuego por la hiperinflación, la recesión y el estallido socioeconómico de 2001.

Los *Millennials*, en general, no creen en el esfuerzo, priorizan los horarios flexibles, un buen grupo y un buen clima de trabajo. No se sienten fieles a la empresa. Quieren tener menos ataduras y aprovechar las oportunidades. Por eso no dudan en renunciar para tomarse un año sabático, hacer el viaje que siempre soñaron o probar suerte en otra actividad que les resulte más estimulante, buscan constantemente nuevas experiencias.

Si no pueden tomar distancia psicológica, toman distancia geográfica.

En cuanto al lugar de preferencia para trabajar, opciones que hasta hace unos años no figuraban, como ser un

---

61 Recuperado en: https://www.lanacion.com.ar/lifestyle/queremos-ser-padres-nid955799

emprendedor, trabajar en una ONG o en una pyme, le van ganando terreno a la gran organización.

Con una pirámide poblacional que envejece en la mayoría de los países, para atraer a los más jóvenes las empresas familiares deben "vender" una propuesta que va más allá de la remuneración: un espacio para los proyectos personales y la preocupación por el medio ambiente son altamente valorados. Estas características coinciden en su mayoría con las ventajas y desventajas por las que atraviesa la empresa familiar.

Es necesario en primer lugar entender, entre otros factores, esta nueva forma de comunicarse con el otro, para luego ser comprendido en forma intergeneracional.

El balance debe adquirirse franqueando las brechas generacionales desde ambos lados: los mayores deben buscar de modo proactivo a quienes pertenecen a la *Net Generation*, y estos, sobre todo si quieren desarrollarse en posiciones de liderazgo, deben acercarse y entender a quienes pretenden dirigir, convivir con ellos y comprenderlos.

Las profundas transformaciones en la familia antes mencionadas, la falta de límites y la confrontación necesaria con las generaciones mayores, el uso de nuevas tecnologías en lo cotidiano, la promoción infinita de los cambios diluyen el solapamiento que indiqué en la Figura 27, en la que muestro el cruce dinámico de los dos sistemas, ya que, ahora, rasgos del sistema Empresa se incluyen en la sociedad de los afectos, con desempeños de alta *performance* emocional y pertenencia temporaria de los miembros –equivalente a la movilidad laboral–, entre otros factores.

Para crecer hay que cambiar

¿Cómo podemos caracterizar la evolución de la empresa familiar que mencionamos? ¿Qué factores intervienen en este proceso?

Sin duda, hay elementos endógenos –tipos de familia, más independencia de los hijos– y factores externos –como la tecnología que todo lo transforma–.

A raíz de estas mutaciones, a la empresa no le queda otro camino que reinventarse: contacto ilimitado *full life* del que conoce todo de la empresa (dueño gerente, o similar) a través de Internet; inclusión de los parientes políticos y de las mujeres de la familia, mayor poder decisional de los miembros de la familia, dependiendo de cada familia empresaria en particular, que sea reflejado en un protocolo acorde.

Lo que queremos mostrar es que hay una relación evidente.

EVOLUCIÓN = +FLEXIBILIDAD

Seguramente, los protocolos actuales deberán ser revisados con mayor periodicidad que hace veinte años.

La empresa familiar debe innovar, puede diversificarse.

¿Estará más "descontracturada" que en otras épocas?

¿No es esta también una característica de los *Millennials*, que no se toman todo tan a pecho y dejan fluir los acontecimientos?

Pero también podemos plantear cuestiones inherentes a la estructura fundacional de la empresa familiar, ya que en estos tiempos de mayor flexibilidad en la organización empresarial se presenta una relación directa entre esta y el "después de mí el diluvio" que mencionamos en la Introducción de este capítulo. Siendo pragmáticos también, los dueños fundadores se acostumbraron (¡como los *Millennials*!) a tomar las decisiones con un poco más de soltura y en muchos casos a dejarlas para más adelante, sin pensar en asegurar el futuro y estar postergando el retiro.

En lo cotidiano de la empresa familiar estaban: "los de adentro y los de afuera". Hoy, gracias a las nuevas tecnologías, el que se va –de vacaciones, o a trabajar y vivir en otro país–, también puede estar "adentro", diluyéndose los límites externo y interno. Las organizaciones tienen puertas giratorias. Las personas entran y salen a través de límites permeables.

En la Figura 30 observamos las "Relaciones entre crecimiento y crisis" en las etapas evolutivas de la compañía, con una ampliación del esquema de Larry Greiner, así como la "Evolución" y la "Revolución" que se producen para pasar a otra nueva fase.

¿Qué cambios ocurren? La tecnología sofisticada y la obsolescencia veloz, la capacitación más práctica que teórica, más divertida (*gaming versus training*), nuevos mapas mentales.

¿Qué permanece? Temas como comunicación, poder, liderazgo, transiciones, vida-muerte. Se recomienda organizar celebraciones en las empresas y en las familias, rituales de encuentros; acordar protocolos dinámicos, abiertos a los cambios; proponer nuevas interpretaciones de una Biblia familiar.

Figura 30. Relaciones entre crecimiento y crisis[62]

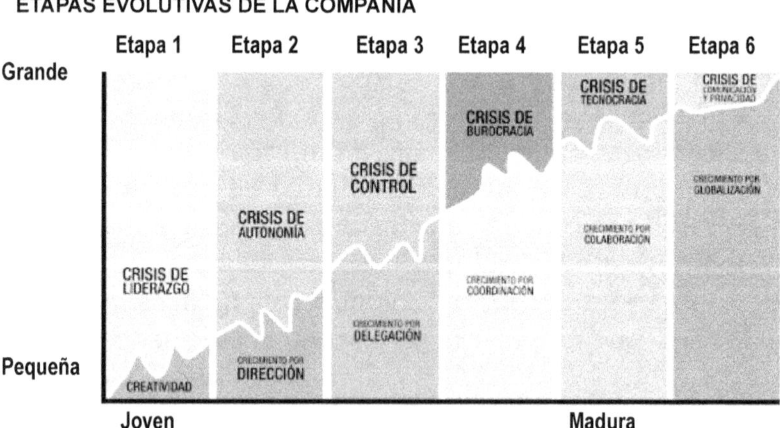

---

62 Tecnocracia: creer en la ciencia como factor decisivo de la evolución. Progreso indefinido a través de la ciencia. Cuestión social: si se apuesta todo a la tecnología, dejamos de lado la parte humana. Riesgo de la EF. Crisis de la privacidad: avasallamiento del espacio que invade la intimidad.

El hecho de relacionar las ventajas de la convivencia entre las generaciones y atender a los rasgos positivos constituye una buena oportunidad de realizar una sólida transmisión generacional.

Se requiere entonces una definición de perfiles organizacionales más integral, que contenga competencias de comunicación; capacidad de aprendizaje, innovación, adaptación y liderazgo; flexibilidad en el trato intergeneracional, y manejo de diversas formas de expresión, y no solamente idiomas distintos.

Figura 31. Calidad de trabajo intergeneracional[63]

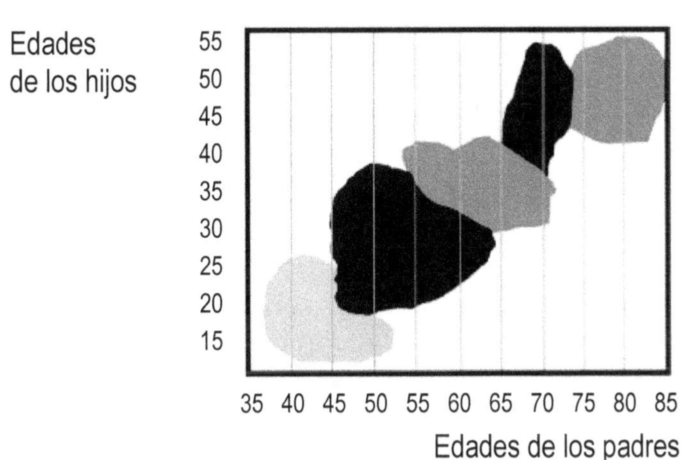

Como consultores, para poder entender la importancia de prácticas diferenciadas para la gestión y las relaciones con las generaciones, necesitamos establecer los ámbitos en los que debemos prestar especial atención a cada etapa, como sigue.

---

63 Alternancia de relaciones de izquierda a derecha: neutra, buena, mala, buena, mala, según la edad de los padres y de los hijos, la que interfiere en la calidad de trabajo intergeneracional.

Atracción: ¿qué buscan?, ¿cómo los vinculamos?
Motivación: ¿qué piden?, ¿qué esperan?
Retención: ¿qué valoran?
Desarrollo de carrera: ¿qué pueden ofrecer y brindar?

Para poder integrar a la generación más joven con la "vieja guardia" y compatibilizar actitudes y expectativas en cuanto a la función del propio liderazgo, es necesario promover la comunicación y la convivencia intergeneracional, buscando acercar a los jóvenes a los más experimentados, en una dinámica de enriquecimiento mutuo.

La flexibilidad implica el teletrabajo, o *home office*, pero además, la posibilidad de trabajos simultáneos en esquemas diferentes.

El cambio no solamente es cultural, sino también de enfoque de gestión: conlleva asegurar los sistemas de fijación de objetivos y gestión de resultados con mucha disciplina y mucho rigor, porque, si bien la flexibilidad presupone la capacidad de autonomía y madurez de las personas, la claridad de lo que se espera, el control adecuado del rumbo y el cumplimiento de los objetivos concretos son condiciones para garantizar que la flexibilidad no se convierta en caos.

En cuanto a la familia, y el matrimonio[64] que la precede, como fue originalmente concebida en nuestra cultura, nació para ordenar las filiaciones y las herencias. A esa función básica se le sumó la de transmitir hábitos, creencias, mandatos, tradiciones. Para el cumplimiento de esas asignaciones eran importantes ciertos acuerdos, la creación de una base de acatamiento –por ejemplo: "honrarás a tu padre y a tu madre"– y la conformación de una atmósfera que permitiera la convivencia de los unos con los otros, así como la manifestación del afecto que nace de la coexistencia

---

64 Sinay, Sergio, *op. cit.*, reflexiona sobre un fenómeno actual: el abandono, por parte de madres y padres, de los roles que les competen en la educación de los hijos. El autor se pregunta cómo ejercer una paternidad nutricia.

para un fin común. Aunque toda familia nacía a partir de dos individuos fundadores, en esta concepción jamás los individuos fueron más importantes que el grupo. En la familia se elegían y decidían los destinos personales de todos sus miembros e, incluso, las mismas familias llegaron a transformarse en grupos especializados (artesanos, agricultores, comerciantes, profesionales).

Pasaron varias centurias y hubo que avanzar bastante en el siglo XX para que se instalara la noción de individuo y para que esta designara a una entidad autónoma, única, irrepetible, inédita y respetable. De hecho, la Convención Universal de los Derechos Humanos (una elevada síntesis de esa concepción) fue consagrada recién en 1948. Valores y sentimientos son una construcción, producto de la interacción entre individuos reales, como el sentido de la función parental. Los hijos vienen a cumplir un propósito único e intransferible, a desarrollar una vida propia, a convertir en actos las potencialidades que se encierran en su ser. Los hijos necesitan tutoría para crecer.

Ser padres significa trabajar de padres. Consiste en convertirse en educadores, rectores, referentes, acompañantes, sostenedores, limitadores, legisladores.

¿Cómo se ejerce la parentalidad de un modo nutricio y asertivo? Las fórmulas, muchas veces, sustituyen lo más rico de la vivencia humana: la experiencia.

Para construir el vínculo, para darle un sentido y una trascendencia, los padres tienen que estar presentes, con todo lo que eso significa en materia de tiempo, de actitudes, de decisiones, de responsabilidad.

La suavidad y la firmeza solo funcionan junto con el compromiso.

De los adultos, de los padres, depende hacer de la relación entre ellos y sus hijos, entre adultos y jóvenes, algo más que un accidente biológico y transformarla en una construcción de amor, de respeto y de sentido.

Conclusiones

El primer mandamiento: "No procrastinarás la sucesión", ¿podría tener un valor neutro? Es decir, se trataría de "administrar la demora", retrasar la toma de decisiones para conseguir mejores resultados.

Se ubicaría temporalmente en ese período del que hablamos en el que el dueño, fundador o decisor llega a una edad cercana al retiro. En esta etapa, no estaría mal demorar la decisión de qué hacer después de retirarse.

Podemos mencionar tres principios al respecto:

* Ir despacio.
* Administrar la demora.
* Considerar que no todo es una crisis.

Ahora bien, ¿cuándo es nocivo procrastinar? Cuando no se resuelve, cuando ese tiempo se prolonga indefinidamente. Lo ideal sería que este jerárquico se retirara a escribir sus memorias, crear una fundación o practicar algún *hobby* postergado. Pero, por situaciones económicas o psicológicas, sigue involucrado (pegado) en la empresa que fundó.

¿Cómo se resuelve? Anticipándose al tiempo de tomar estas decisiones. Se pasa más tiempo planeando una reforma en la casa que la vida después del retiro. Ser tibio en el momento de tomar esta decisión es fatal, es sin duda procrastinar. Aunque no lo exprese, el decisor está planteando el "Después de mí, el diluvio", porque equipara el ocaso de su vida personal al de la empresa familiar.

Y aquí viene el punto importante: ¿quiénes triunfan en esta etapa? Los decisores tienen que dominar tres elementos indispensables para que su gestión sea efectiva.

* Liderazgo.
* Resolución de problemas.
* Adaptabilidad.

El liderazgo es fundamental en todas las tomas de decisiones. Incluso en las del segundo punto, solo un líder con personalidad tiene la capacidad para resolver los problemas y los conflictos a los que se enfrenta.

Pero lo que más llama la atención es el término *adaptabilidad*. En este trabajo se habla de *evolución*. En toda evolución, a nivel de especies naturales, sobreviven las que se adaptan. Pero, ¿no se adaptaron también los jóvenes que, viendo el sacrificio de los padres, quieren vivir el presente (*Millennials*)? ¿No tiene que adaptarse el fundador a la nueva vida que le espera después del retiro y no procrastinar las decisiones, para no afectar negativamente a la empresa? ¿No se adaptan todas las antiguas y las nuevas generaciones a las nuevas tecnologías y hacen uso de ellas como herramientas efectivas?

**Figura 32. Conjugar intereses personales con el funcionamiento
efectivo de la empresa familiar**

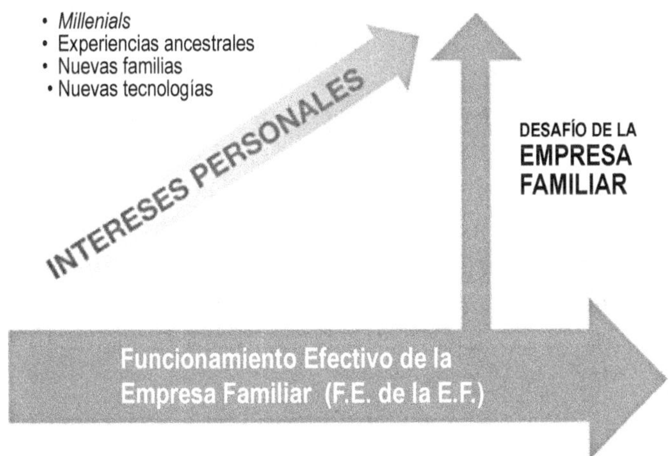

En la Figura 32 se percibe una brecha entre las nuevas generaciones y los esquemas rígidos de la empresa familiar. La única manera de achicarla es adaptándose activamente para recibir a esos nuevos integrantes del mercado laboral.

Pero creemos que adaptarse, para el fundador en edad de traspasar "el bastón de mando", es fundamental. Es una manera inteligente de integrar el círculo laboral y familiar en forma vital y con proyección de futuro.

¿Cómo se hace notorio este proceso?

Porque hay una desigualdad, una brecha, entre el funcionamiento efectivo de la empresa familiar (a nivel empresarial) y el crecimiento individual de las generaciones jóvenes, aunque también de los mayores (intereses personales).

Cercanas dos décadas atrás, en nuestra experiencia, había una adaptación del individuo a los intereses de la empresa familiar. ¿Hasta dónde es posible que los decisores se ajusten a los mandatos organizativos de la empresa?

Conjugar los intereses personales con el funcionamiento efectivo de la empresa familiar parece ser el mayor desafío actual.

¿Cómo realizar la transmisión generacional, mejorando y posibilitando la convivencia entre las distintas generaciones con aspiraciones diversas?

Hay que concientizar no solo a los jóvenes, sino a los fundadores-decisores-transmisores de la experiencia y de la historia.

La brecha entre los *Millennials* y las experiencias ancestrales, la aplicación de nuevas tecnologías, sumadas a las nuevas familias, generan en las empresas crecimiento por globalización y crisis por tecnología y privacidad. Comunicación "*full life* en Internet", como quedó plasmado en la ampliación de la Figura 32.

La intervención profesional actuaría como nexo, achicando la brecha. Los límites difusos o el traspaso y la involucración de los rasgos que pertenecían tradicionalmente al sistema Familia en el sistema Empresa y viceversa hacen más compleja la intervención del consultor.

El primer mandamiento: "No procrastinarás la sucesión" cambia entonces por la evolución de las relaciones en la empresa familiar. Por eso es importante contar con profesionales que comprendan la evolución respecto de temas como convivencia y transmisión generacional, herencia, sucesión, planificación, y ayuden a crear un protocolo flexible y dinámico, para que no quede "Después de mí, el diluvio".

Los especialistas en empresas familiares saben que el protocolo puede ser la herramienta que actúe como factor más estable y sea transmisora de la historia, pendulando con una mirada en el presente y el futuro, acercando las posiciones individuales y de funcionamiento productivo de la empresa. Los dueños fundadores que tienen que entregar la posta a la siguiente generación se rigen más por sus intereses y necesidades personales. La vida útil no se estructura por las necesidades de la empresa: cada vez más, la determina el individuo. Antes, estaba más pautada la edad de retiro, si bien dependía también de las características personales, que tienen más que ver con el propio bienestar.

Ayudado por la tecnología, que acerca el negocio a cualquier lugar, el dueño puede seguir tomando decisiones críticas desde una playa, en "temporada alta de su negocio", manteniendo su poder en un mundo globalizado, conectado, aunque dudemos de que sea más comunicado y relajado.

Debiera haber ritos de despedida y de recepción. Casi todas las entradas y salidas significativas tienen una importancia simbólica. Por lo tanto, requieren ser reconocidas a través del ritual y la ceremonia.

Minimizar o pasar por alto las transiciones debilita el compromiso y la lealtad y le quita su ventaja competitiva a la empresa.

Sin ritos adecuados de recepción, los recién llegados nunca pueden ser totalmente integrados. Sin ritos adecuados de despedida, los que se van dejan un vacío, una herida existencial, no pueden romper con sus lazos ni aceptar su partida.

CAPÍTULO V

Mujeres S.A.
¿Todas las mujeres del mundo contemporáneo son sincréticas[65], tradicionales y modernas?

Mi intención es reflexionar sobre la vida de las mujeres en una empresa de propiedad familiar. Desde mi enfoque profesional, elijo hablar de familia empresaria, más que de empresa familiar. Con el cambio de sustantivación, prefiero pensar el tema desde los roles que se instauran en la familia y que más tarde se ejercen en el trabajo. Entre ellos, los roles de las mujeres tienen un peso fundamental.

Por ejemplo, la esposa, en una familia empresaria, puede trabajar en la parte operativa, en un nivel gerencial o tener poder decisorio a nivel patrimonial y también ejercer "influencia de almohada". Esta afirmación pone en evidencia un aspecto sutil de las relaciones vinculares y el valor de su aporte, tanto desde lo intuitivo como desde la información

---

65 Sincretismo de género es un concepto que la antropología utiliza para plantear la confluencia de diferentes culturas y tradiciones. Debido al sincretismo de género, mujeres aparentemente tradicionales tienen incorporada una gran innovación de género en sus vidas y al revés. Tiene que ver con configuraciones profundas de la subjetividad de las mujeres. *El feminismo en mi vida. Hitos, claves y topía*, Marcela Lagarde y de los Ríos, Instituto de las Mujeres del Distrito Federal, México D.F., 2012.

y el conocimiento obtenidos por medio de su capacitación, entrenamiento, experiencia y actualización.

Con frecuencia, un puesto en la empresa es determinado por la madre a la hora de la inclusión de los hijos y con respecto a la transmisión del liderazgo, por sus preferencias respecto de la familia y no por la lógica empresarial. Justicia y equidad son términos a tener en cuenta en el momento de los repartos familiares dentro de la empresa.

Muchos padres piensan que ser equitativos significa dar lo mismo a cada hijo, como un principio de igualdad o justicia. Pero con la práctica, algunos aprenden que hay que darle a cada uno lo que necesita. Para los hijos, es más positivo sentir que ellos ganaron la posición que asumen en la empresa y que sus responsabilidades están a la altura de sus capacidades y talentos, que pensar que llegaron por ser "los hijos del dueño". En un sentido simbólico, los padres tienen que querer vender su empresa y los hijos tienen que poder comprarla.

Quisiera compartir, en este capítulo, mi experiencia personal como familiar política y como especialista en consultoría y capacitación de familias empresarias. El hecho de haber participado y presidido AMEFA, una ONG cuya misión fue estimular y capacitar a la mujer para el fortalecimiento y la continuidad de la empresa familiar, además de tener una presencia activa en redes de profesionales y empresarias desde hace más de treinta años, me permite conocer variados perfiles de mujeres de distintos grupos etarios y rubros de este tipo de empresas.

Para el desarrollo del presente trabajo realicé una investigación exploratoria a partir de una encuesta cualitativa y cuantitativa, y comparé los resultados con el precedente realizado en 1990 por Matilde Salganicoff, Doctora en Educación en Stone Center for Development Services and Studies in Wellesley College, Massachusetts. A partir de entonces se han registrado cambios significativos que marcan la evolución de los roles y la inclusión de las mujeres, como se verá más adelante.

La idea es medir elecciones, desafíos, éxitos y dificultades de las mujeres en empresas familiares en la actualidad que puedan servir como base para conocer el estado del arte y para continuar investigando sobre el tema.

Es notoria la ausencia, en esa misma década, de estudios sobre la participación femenina en las empresas familiares latinoamericanas, por lo que consideré necesario investigar y ampliar la bibliografía referida a esta cuestión.

Metodología

Además del relevamiento de datos a través de una encuesta[66], procedí a una revisión de la bibliografía previa, con el fin de comparar aportes sobre la implicación de las mujeres en estas organizaciones, la diversidad de tareas asignadas en su contexto laboral, profesional, familiar y personal; asimismo, los cambios en los roles de las mujeres, estén ellas involucradas directa o indirectamente en la empresa familiar.

La encuesta fue respondida por 49 mujeres de distintas generaciones que participaban en empresas familiares de diferentes sectores y tamaños, 96% de las cuales eran de Argentina, y el 4% restante de países de Latinoamérica. La evidencia empírica es presentada en cuadros, tablas y gráficos de elaboración propia. La interpretación de la información está basada no solo en su tabulación y posterior informe, sino también en su análisis según mi criterio y experiencia en este campo específico.

Resultados de la encuesta

• Las **Edades de las encuestadas** oscilan entre los 24 y los 71 años, distribuidas de la siguiente forma:

---

66 Ver Anexo.

Figura 33. Edades de las encuestadas

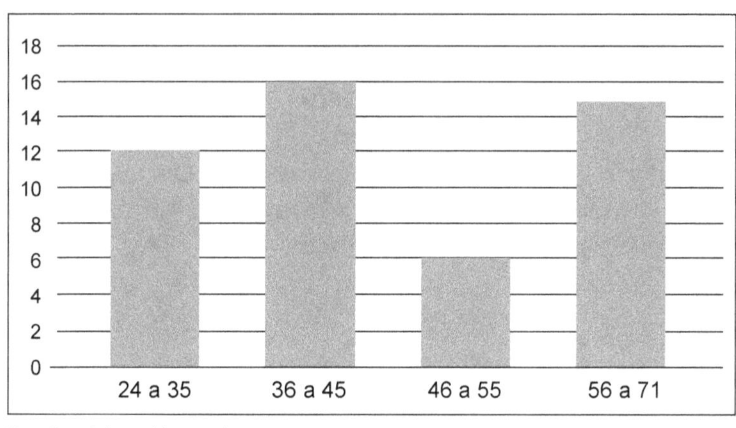

Fuente: elaboración propia

Es llamativo el hecho de que más mujeres que superan los 55 años tengan roles activos en la empresa familiar. Las mujeres mayores –anteriormente invisibles o ignoradas–, están experimentando posiciones de poder y de toma de decisiones, trabajan más años, ocupan mejores cargos y reciben mayores ingresos, por primera vez después de décadas.

La fuerza laboral que envejece puede ser vista como un signo de prosperidad, un cuidado de salud bien desarrollado y un gran logro social. En breve, más de un cuarto de la población estará por encima de los 60 años. Esto significa que la fuerza de trabajo depende, en gran medida, del índice de actividad de las personas mayores.

• La segunda pregunta se refiere al **Vínculo de parentesco**, siendo las opciones: esposa, hija, hermana, familiar política u otra. Los resultados se muestran en la Figura 34.

Es importante notar, entre las diferentes respuestas obtenidas, que más del 80% fueron dadas con respecto al parentesco familiar (madre, esposa, hija, nieta), mientras que el resto alude a su función o a su vínculo con la empresa (fundadora, dueña, consultora, titular, gerente).

Figura 34. Vínculo de parentesco

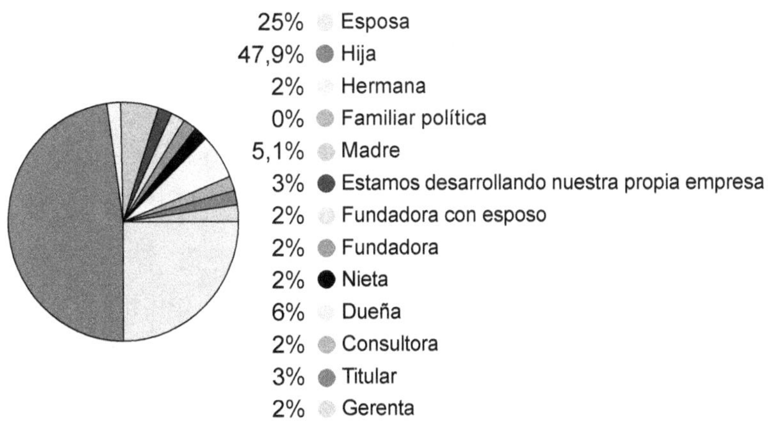

Los vínculos de parentesco más frecuentes son: hija, esposa y madre.

- El 71,4% de la población encuestada **tenía hijos**:

Figura 35. Tiene hijos

Fuente: elaboración propia

Las edades de los hijos son las siguientes:

0 a 12	13 a 18	19 a 26	27 a 44	45 o +
19	12	13	29	0

Gracias a las técnicas científicas de fertilización asistida, actualmente es común que las mujeres posterguen su maternidad hasta después de los 40 años: cada 10 mujeres embarazadas, 3 rondan esa edad. Muchas optan por tener su primer hijo luego de estar afianzadas en su vida laboral, otras posponen la búsqueda de un segundo hijo por razones económicas o porque prefieren afrontar la maternidad con más tranquilidad.

Sumado a esto, sus mayores posibilidades de acceso a carreras profesionales y los nuevos modelos familiares hacen que se postergue su ingreso a la empresa familiar, generando una diferencia respecto de las *Cuatro etapas en el desarrollo de la empresa familiar* planteadas por John Davis, Ph.D. OMBI (ver Figura 36). En aquel momento, se consideraba *generación mayor* a aquella que tenía entre 40 y 50 años, la que ya podía realizar trabajo en conjunto con sus hijos, quienes solían tener de 18 a 35 años. Hoy, las personas de entre 40 y 50 años se pueden identificar como *familias jóvenes* y tener hijos de 0 a 18 años, lo que marca un cambio importante en las distintas etapas evolutivas, personales, familiares y de la empresa, así como en el trabajo junto con otras generaciones.

Me pareció interesante compartir en el segundo gráfico la *Comparativa de los ciclos vitales de la primera* vs. *la segunda generación* de Manuel Pavón Ph.D., consultor internacional de empresas familiares (ver figura 37).

• Con respecto al ítem **Estudios/capacitación/ocupación**, los resultados fueron:

Secundario	Técnico	Comerciante	Grado	Posgrado	Doctorado
3	8	3	33	3	1

Esto indica un alto nivel de formación y estudios, que abarca carreras de grado, posgrado, doctorado, licenciatura,

Figuras 36. Las cuatro etapas en el desarrollo de la empresa familiar.

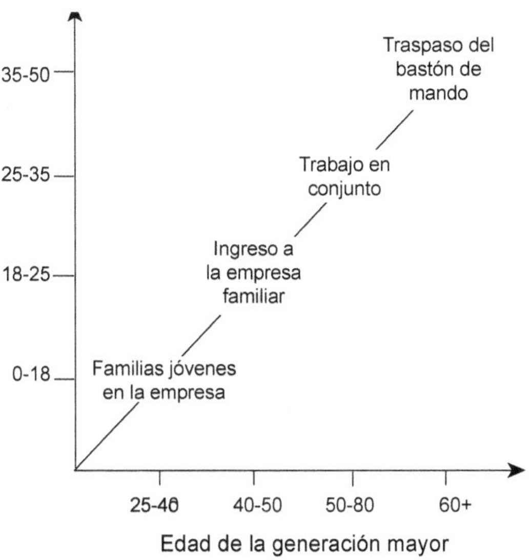

Fuente: John Davis

Figura 37. Comparativa de los ciclos vitales de la primera generación *vs.* la segunda generación.

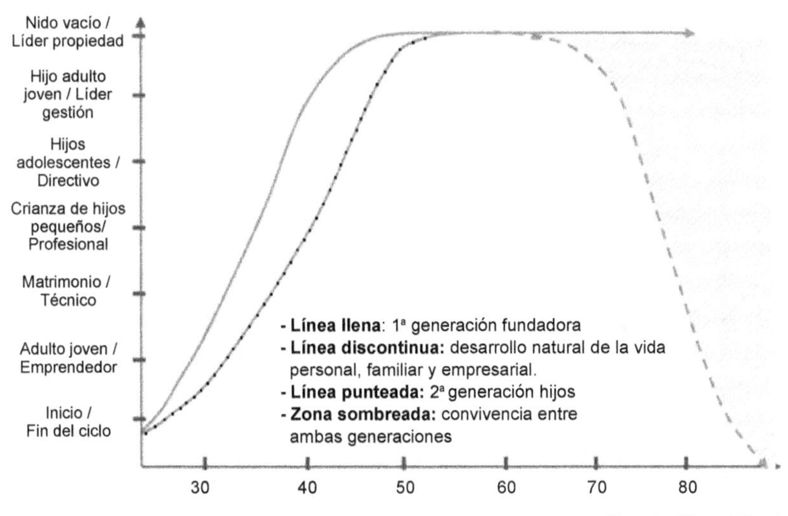

Fuente: Manuel Pavón

así como estudios de niveles secundario y terciario. Por otra parte, algunas de las encuestadas hicieron dos carreras profesionales. Además, hay autodidactas y otras con estudios en curso.

Las personas pueden ejercer roles profesionales, ocupacionales y vocacionales diferentes, y en algunos casos estos no necesariamente coinciden con los requerimientos de la empresa familiar. Algunas encuestadas podrían haberse visto forzadas a ingresar a la empresa de propiedad familiar por variadas circunstancias, independientemente de su formación y/o vocación.

Recalco la importancia de la capacitación vocacional en todos los niveles y nuevos esquemas de capacitación y recapacitación, a lo largo de toda la vida, como decía el Doctor Bernhard Jenschke, *expresidente* de la International Association for Educational and Vocational Guidance (IAEVG AIOSP).

- El ítem **Rubro de la empresa familiar** abarca empresas de los 3 sectores: primario, secundario y terciario.

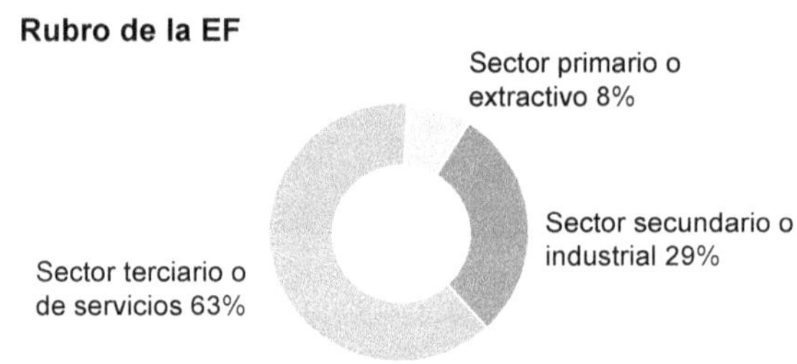

Fuente: elaboración propia

- *Sector primario o extractivo*: 4, todas del sector agropecuario.
- *Sector secundario o productivo*: 14, entre alimenticia, construcción, textil, automotriz e industrias.
- *Sector terciario o servicios*: 31, contando servicios inmobiliarios, asesoramiento jurídico, contable impositivo,

en RR. HH., en RR. PP., administración, telecomunicaciones, transporte, educación, salud y gastronomía.

• La siguiente pregunta se relaciona con los **Años de la empresa desde su fundación**. En este punto es importante tener en cuenta las etapas de desarrollo de la empresa familiar, las edades de las generaciones mayores y de las generaciones jóvenes, así como el ciclo vital familiar y los respectivos entrecruzamientos de la mujer en sus diferentes roles a través del tiempo. Los resultados fueron:

Edad de la empresa desde su fundación

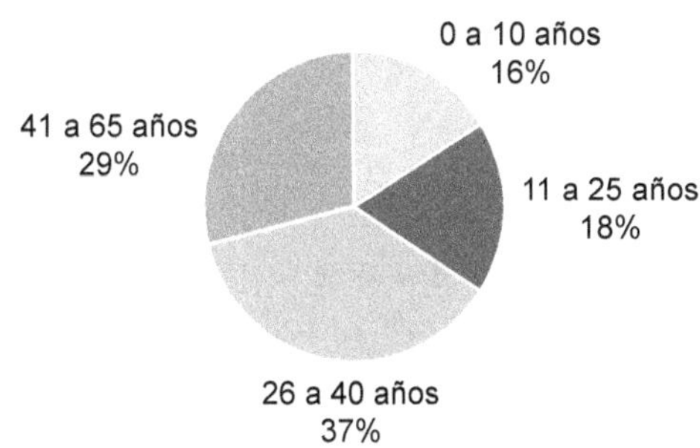

Fuente: elaboración propia

• El ítem **A qué generación pertenece dentro de la empresa** arroja los siguientes resultados:

¿A qué generación pertenece dentro de la empresa?
49 respuestas

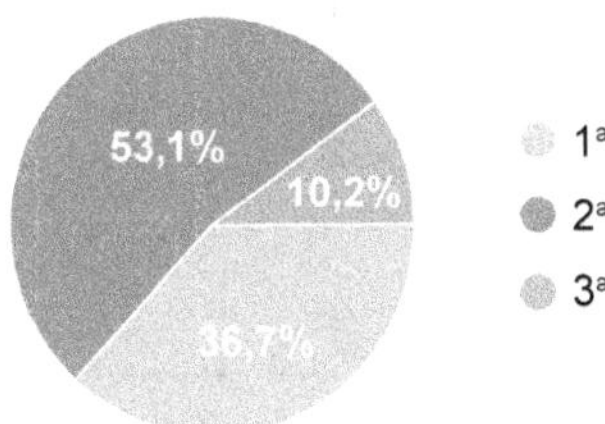

Fuente: elaboración propia

Dentro del total de las encuestadas, el 36,7% era de la primera generación (con un 10% de ellas como fundadora); el 53,1% de la segunda generación y el 10,2%, de la tercera generación.

• Como lo indica el siguiente gráfico, el 75% de las encuestadas reveló que **Era propietaria**:

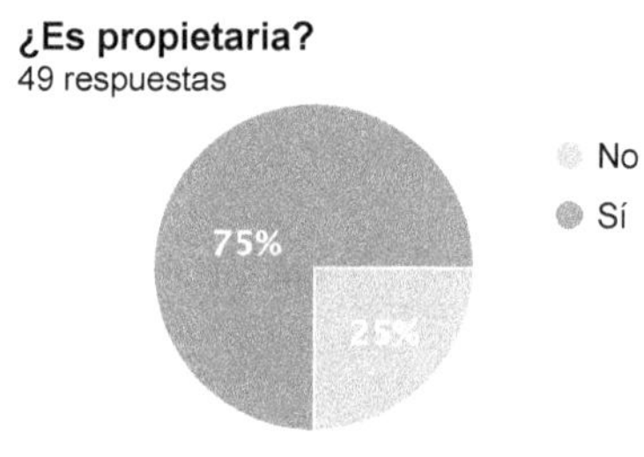

Fuente: elaboración propia

El 75% de las encuestadas era propietaria. Es de destacar que 9 de ellas tenían el 50% de la propiedad y 3, el 100%. Asimismo, 6 mujeres detentaron entre el 10 y el 20% de la propiedad de sus empresas familiares, 7, entre el 21 y el 49%; en tanto que 10 tenían entre el 50 y el 69%; 3, entre el 70 y el 89%; y 6, entre el 90 y el 100%.

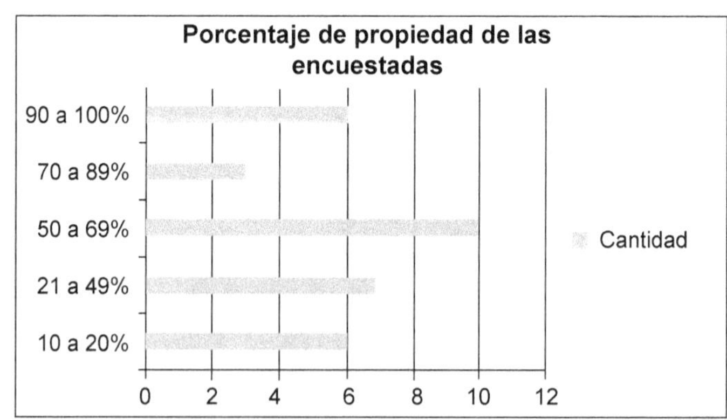

Fuente: elaboración propia

• Con respecto a cuántas de las mujeres encuestadas **trabajaban en la empresa**, el resultado indica:

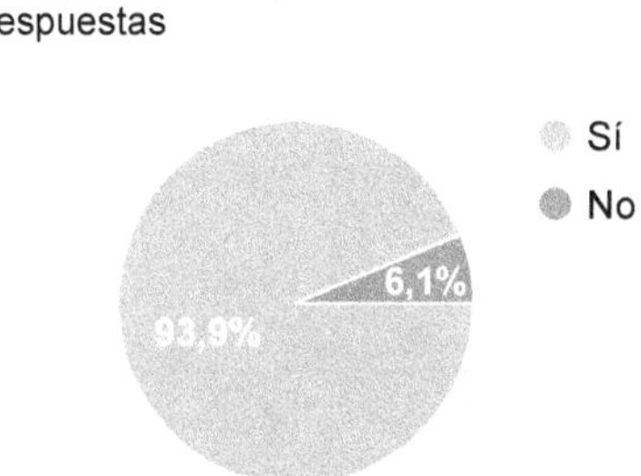

Fuente: elaboración propia

• En el ítem **Cargo/Función/Responsabilidad**, los resultados muestran que algunas de las encuestadas desempeñaban multifunciones, aunque el porcentaje no es relevante.

El 20% de la muestra era propietaria, el 47% se desempeñaba en la parte operativa y el 33% ocupaba cargos directivos.

Cargo/Función/Responsabilidad

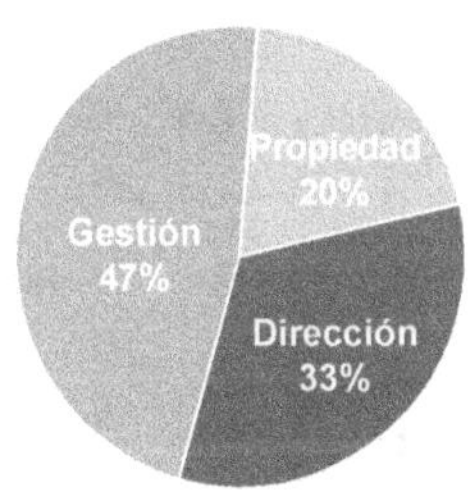

Fuente: elaboración propia

• El ítem **Horas semanales de dedicación a la empresa familiar** arroja los resultados siguientes:

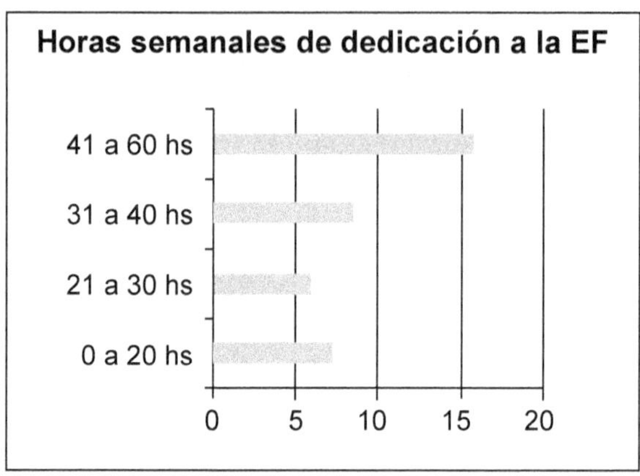

Fuente: elaboración propia

Algunas respuestas transmiten la percepción de una dedicación sin límite, como lo expresaron 8 encuestadas a partir de comentarios como: "lo que haga falta", "las 24 horas", "no hay horario" o "trabajo *on line* al regresar de la oficina". La opción de trabajar en forma remota gracias a la tecnología puede sumar productividad y flexibilidad, ya que permite elegir los horarios y los lugares desde donde se trabaja. Esto requiere disciplina, no solo para cumplir con las tareas y con las metas, sino también con la administración efectiva del tiempo de dedicación a la EF.

• Más de un 75% de las encuestadas **Recibían remuneración**, el 22,4%, no, y el 2% retiraba lo que necesitaba.

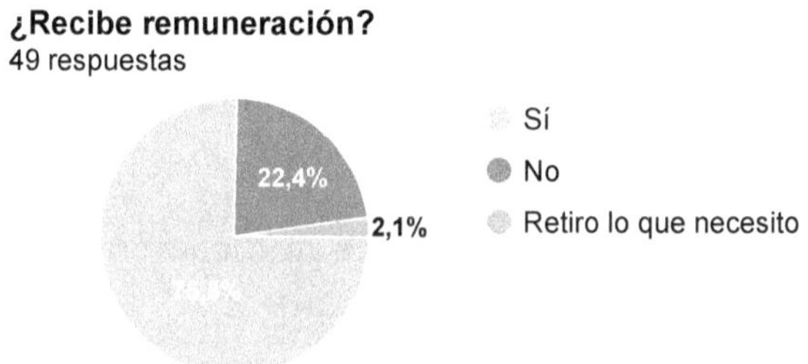

Fuente: elaboración propia

• Con respecto al grado de **adecuación de la compensación económica**, puntuando del 1 al 5, y siendo 1 la menos acorde a su dedicación/responsabilidad y 5, la más acorde, los resultados fueron:

¿La compensación económica le resulta acorde a su dedicación/responsabilidad?

44 respuestas

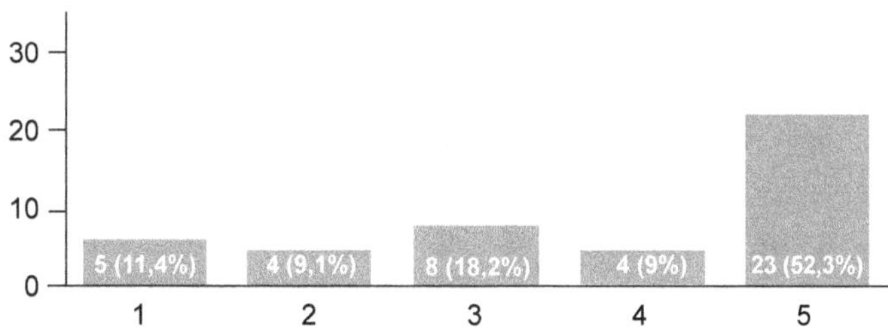

Fuente: elaboración propia

• Respecto de la pregunta **Quiénes son directores**, dividí los resultados por parentesco y por género, de donde obtuve:

Encuestada	Padre	Hijos	Hijastro	Hermanos	Primos	Cuñados	Tíos	Terceros
10	12	5	0	15	3	2	2	3
Esposo	**Madre**	**Hijas**	**Hijastra**	**Hermanas**	**Primas**	**Cuñadas**	**Tías**	**No hay**
4	4	5	1	5	0	0	7	2

Directorio

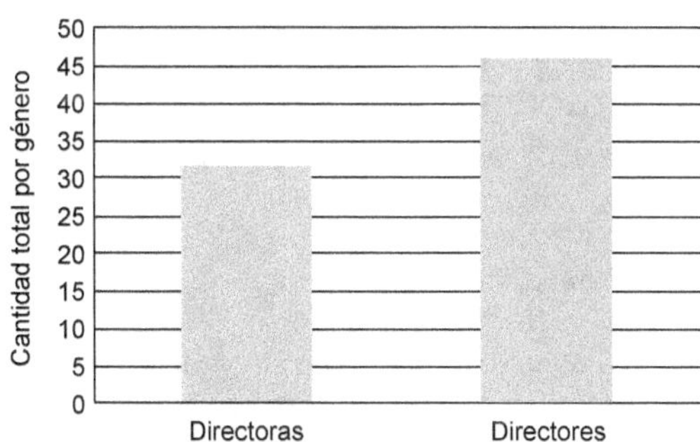

Fuente: elaboración propia

En 1997, Keating y Little afirmaban que el género era el principal factor a la hora de elegir un sucesor. Dos años más tarde, Stavrou también confirmaba que las hijas, aun siendo primogénitas, seguían sin ser tenidas en cuenta para los puestos de liderazgo en la empresa familiar, llegando incluso a detectarse casos en que los propietarios preferían vender el negocio antes de poner a la hija al frente. ¿Por qué? Simplemente por una cuestión de género. Entre los argumentos que citaban para excluirlas de los puestos de dirección, algunos padres destacaban la necesidad de "proteger" a sus hijas, más que a los hijos, para no ponerlas en la situación de enfrentar los problemas que acarrea la gestión de una empresa familiar[67]. Estudios realizados en la Universidad de Babson, Massachusetts (EE.UU.), en 2002, revelaron que más del 25% de los propietarios de empresas familiares tenían la intención de dejar a sus hijas a cargo del negocio.

Vera y Dean sostenían en 2005[68] que, debido a los avances sociales de las mujeres, ya era común encontrar candidatas femeninas entre los posibles sucesores de un fundador, lo que implicaba la necesidad para ellas de estar preparadas para afrontar nuevos desafíos, entre ellos: la búsqueda del equilibrio entre el desarrollo profesional, familiar y personal; y el diseño de un plan de carrera que les permitiera conocer sus aportes y hasta dónde querían llegar. En tanto, Haberman y Danes[69], destacaban en 2007 que las hijas solo eran tenidas en cuenta como posibles sucesoras en la empresa familiar cuando todos los sucesores eran únicamente mujeres. Muy pocas lograban posiciones

---

67 Hollander, B. y Bukowitz, W.: "Women, Family Culture and Family Business", *Family Business Review*, 1990, III (2), 141-145.

68 Vera, C. y Dean, M.: "An examination of the challenges daughters face in family business succession", *Family Business Review*, 2005, 18, 321-345.

69 Danes, S.M.; Haberman, H. R. y Mctavish, D.: "Gendered discourse about family business, *Family Relations*, 2005, 53, 357-366.

altas en la dirección y en los órganos de gobierno, pero fueron aumentando lentamente durante las últimas dos décadas.

Paralelamente, en América Latina en la década de 2000, la representación femenina en los cargos gerenciales se estimaba entre el 25 y el 35%, según Durán y López[70]. Análisis estadísticos indicaban que las mujeres ejecutivas hispanas se clasificaban a sí mismas significativamente mejor que los hombres hispanos en: liderazgo, conocimiento del personal y negociaciones. Sin embargo, mientras que el número de mujeres que se desempeñaba en cargos gerenciales crecía, su representación en los niveles superiores de la jerarquía corporativa no fue aumentando al mismo ritmo[71].

Únicamente en casos extremos, afirmaba Martínez Jiménez[72], "como por ejemplo el fallecimiento prematuro del fundador", la madre cambiaba su rol de esposa y se incorporaba a la dirección de la empresa familiar.

De acuerdo con Junquera[73], para analizar el "efecto de **género**" en la empresa familiar se deben tener en cuenta dos grupos de factores: las variables empresariales (tamaño y edad de la empresa) y las del entorno del CEO de la empresa (características socio-demográficas, vínculos familiares, experiencia y formación).

---

70 Durán, A. y López, P.: "Increasing Chances for Hispanic Selection and Participation in the C-Suite", *The Business Journal of Hispanic Research*, 2009, 3 (1), 54-76.

71 Maxfield, S.: "Mujeres en el límite. Poder corporativo en América Latina", *Report of the Women's Leadership Conference of the Americas*, Inter-american Dialogue y Simmons Graduate School of Management, 2005.

72 Martínez Jiménez, R.: *Trayectoria y liderazgo de la mujer en la empresa familiar*, Departamento de Administración de Empresas, Contabilidad y Sociología Universidad de Jaén. 2009.

73 Junquera, B.: "¿Tienen menos éxito las empresas propiedad de mujeres? Una revisión de la literatura sobre la cuestión"; *Revista de Información Comercial Española*, n° 818. 2004.

En 2018 vemos mujeres integrando activamente los directorios, ocupando puestos de liderazgo y toma de decisión, en gran parte debido a su nivel de formación y su avance en desarrollar los roles tradicionales en la familia, además de desplegar los propios en la esfera de la empresa. Esto les permite reducir los conflictos con directivos no familiares, a diferencia de décadas atrás, cuando no eran consideradas aptas para estos puestos.

En la encuesta que realicé se advierte, en números, un importante avance hacia la paridad en cuanto a cargos directivos, que se desprende de los resultados: 36 mujeres y 42 varones en esta función.

• En la pregunta **Qué otros familiares son propietarios**, la respuesta arroja los siguientes resultados: abuelos, padres, esposos, hijos, hijastros, hermanos, tíos y cuñados de ambos sexos. Sobre este punto, en cuanto a porcentajes, no hemos relevado otros datos que los siguientes: 100 y 70%, dos padres; y tres casos de hermanos con el 10% de la propiedad en cada caso.

• Los ítems **Cantidad de personal ocupado** y **Facturación anual** son expuestos mediante el cruce de las respuestas de nuestras encuestadas.

Para los cálculos, tomé los parámetros de la Secretaría de Emprendedores y Pymes del Ministerio de Producción de la Argentina, que publicó la nueva clasificación para determinar qué empresas se encuadran dentro de la categoría Pyme, considerando los límites de facturación anual según las especificidades propias de los distintos sectores y la evolución reciente de estos, e incorporando la variable de personal empleado.

Las categorías se organizan en los siguientes cuadros, según la resolución 154/2018:

CATEGORÍA	ACTIVIDAD				
	Construcción	Servicios	Comercio	Industria y minería	Agropecuario
Micro	12	7	7	15	5
Pequeña	45	30	35	60	10
Mediana tramo 1	200	165	125	235	50
Mediana tramo 2	590	535	345	655	215

Categoría según límites de personal ocupado

CATEGORÍA	ACTIVIDAD				
	Construcción	Servicios	Comercio	Industria y minería	Agropecuario
Micro	$ 5.900.000	$ 4.600.000	$ 15.800.000	$ 13.400.000	$ 3.800.000
Pequeña	$ 37.700.000	$ 27.600.000	$ 95.000.000	$ 81.400.000	$ 23.900.000
Mediana tramo 1	$ 301.900.000	$ 230.300.000	$ 798.200.000	$ 661.200.000	$ 182.400.000
Mediana tramo 2	$ 452.800.000	$ 328.900.000	$ 1.140.300.000	$ 966.300.000	$ 289.300.000

Categoría según límites de facturación anual por actividad

La cantidad de empresas familiares según el cruce por actividad, facturación y personal ocupado relevado entre las encuestadas da como resultado:

Cantidad de EF según cruce de actividad, facturación y personal ocupado

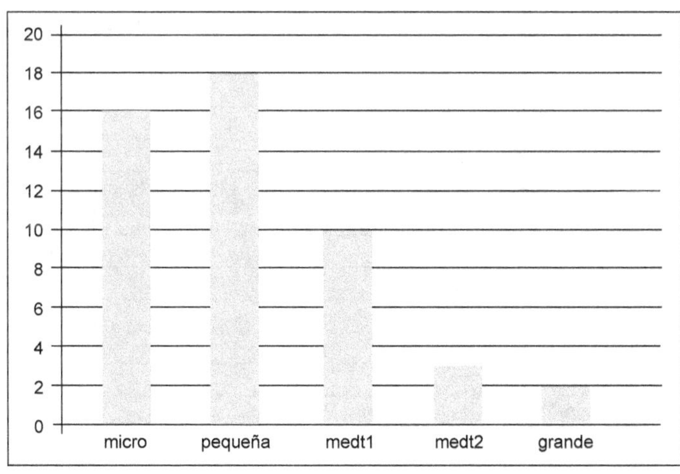

Fuente: elaboración propia

Cabría preguntarse en qué medida los roles de las mujeres en las empresas familiares tienen relación con el tamaño de estas, el nivel de facturación y, particularmente, el rubro, dado que algunos han sido considerados tradicionalmente "masculinos", como por ejemplo el transporte y la construcción. Asimismo, se deberían cruzar datos significativos como: nivel de formación y capacitación para ocupar cargos directivos, lo que requeriría otro nivel de análisis no incluido en este trabajo.

• Otra de las preguntas indaga el **Parentesco de las personas de la familia que trabajan en la empresa familiar y su género**. La respuesta fue: padres, madres, hijos, nietos, sobrinos, tíos, primos, cuñados, yernos, hijastros y padrastros entre los más frecuentes; distribuidos en un 55% de varones y un 45% de mujeres.

Parentesco y género

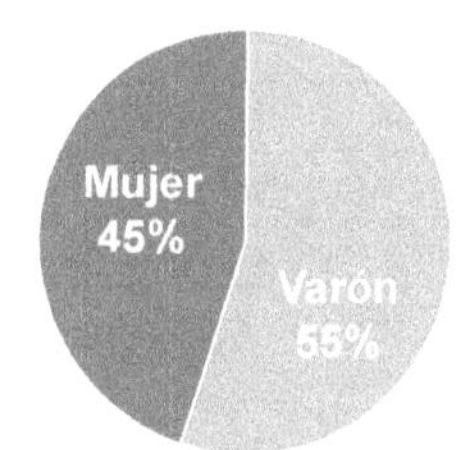

Fuente: elaboración propia

• En el punto **Razones de las encuestadas para haber ingresado en sus empresas familiares**, hago en principio una comparación de los cuatro ítems en común con la encuesta original de la doctora Matilde Salganicoff, de 1990.

Razones para entrar en sus EF 1990/2018	1990	2018
Para atender los intereses familiares	44%	63,30%
Entrada "a falta de otra cosa"	26%	8,20%
Por tener preocupaciones sobre su carrera/dinero	28%	14,30%
"Yo siempre esperé entrar"	7%	14,30%
Motivos 2018		
Por iniciativa personal/profesional		14,30%
Soy fundadora		6,10%
Herencia		4%
Nexo, armonía y continuidad de las generaciones		4%
Por ser convocada		2%

Fuente: elaboración propia

Se puede observar en qué medida se han modificado los porcentajes y qué otras razones de peso han aparecido para incorporarse a sus empresas familiares.

Entre las respuestas de la encuesta actual hay un porcentaje mayor en el ítem "para atender los intereses familiares" (63,30%), comparado con el de 1990 (44%), un descenso significativo de los motivos: "a falta de otra cosa" y "preocupaciones sobre su carrera/dinero", y un doble aumento con respecto a "yo siempre esperé entrar" (del 7 al 14,30%).

La doctora Salganicoff encontró respuestas típicas de las hijas a la pregunta sobre **Desafíos y dificultades para trabajar con mi padre en nuestra** EF. Se preguntaba si también serían válidas para la condición de esposa, razón por la cual en el presente trabajo extendí las opciones a todas las encuestadas por igual, sin sesgos por parentesco. Los resultados fueron:

Desafíos y dificultades para trabajar en la EF

Ítem	Hijas (23)	Esp. (12)
Cómo separar trabajo y familia	17	10
Tener que responder como empleada	2	2
Familiaridad	5	2
Temor de que mi relación en el trabajo perjudique la relación familiar	12	5
Temor de que la relación familiar perjudique la relación en la empresa	2	4
Tener que sobresalir para conseguir algún reconocimiento	9	1
Dificultad para lograr un legítimo respeto	5	2
Convencerlo de algún nuevo enfoque	9	6
No excluir a otros miembros de la familia	5	1
Celos de otros hermanos	3	2
Tratar de satisfacer las expectativas del ambiente empresarial en que se desenvuelven otros familiares	3	0
Tradición familiar	1	1
Cómo adquirir la intuición para los negocios que tienen/tuvieron los fundadores	4	2
Culpa de causarle ansiedad y preocupación	0	0
Estar sobreprotegida	3	0
Cómo obtener una evaluación objetiva de mi actuación y de mis errores	8	2
Cómo presentar el *feedback* sobre la conducta de los otros miembros de la familia	8	3

Fuente: elaboración propia

En este punto me resulta de interés presentar los resultados comparativamente entre hijas y esposas, de modo de observar si son válidos en la misma medida para ambas. Entre las encuestadas surgen nuevas categorías como fundadoras, titulares, gerentes, dueñas y consultoras dentro de la empresa familiar. Unas décadas atrás, no existían estas descripciones de puestos dentro de la empresa. También estaba presente el dilema ser protegida/ser propietaria que hace unas décadas recaía entre las esposas de dueños o fundadores de la empresa familiar y en la actualidad pasó a ser un desafío, más para las hijas que para las esposas. Asimismo, hoy las mujeres perciben que el desafío es menor en cuanto a "satisfacer las expectativas del ambiente empresarial", al que acceden de una manera más naturalizada y para lo cual están y se sienten capacitadas profesionalmente.

Una constante a tener en cuenta es el desafío y/o "dificultad para separar trabajo y familia", así como el "temor a que la relación en el trabajo perjudique el vínculo familiar" y viceversa. Asimismo se observa una dificultad en la "legitimación del respeto" y "la introducción de nuevas ideas".

• En cuanto a **"Cómo obtener una evaluación objetiva de la actuación y de los errores"**, el desafío mayor recae sobre las hijas, así también en el ítem "cómo dar *feedback* a otros miembros de la familia". Temas de comunicación y de autovalidación en general se observan más entre las hijas que entre las esposas.

Lo que llama la atención sobre las actuales generaciones, ya sean hijas o esposas, es que no aparecen como factores relevantes la "culpa por causar ansiedad o preocupación", ni la "tradición familiar", cuya mención es baja.

• La pregunta **¿Qué la hace sentirse exitosa en su empresa familiar?** ofrecía múltiples opciones. También en este caso tomo como base comparativa los resultados de la encuesta realizada en 1990 por la doctora Salganicoff, a la que agrego una pregunta abierta para incluir nuevas opciones ("Otros").

Dentro de esta categoría se registraron las siguientes respuestas: continuar el legado, poder dar trabajo a otras personas, crecimiento, ganar nuevos clientes, abrir nuevas sucursales, quiero a mi empresa, es parte de mí, actividad profesional cuando no hay trabajo, desafíos constantes y actualización.

Podemos decir que los porcentajes de todos los ítems relacionados con la actividad en la empresa familiar de las mujeres encuestadas son significativamente superiores a los de la encuesta realizada en 1990, tanto en su contribución y aporte al crecimiento de la empresa familiar como en su dominio técnico y con respecto a su estilo de vida y manejo del dinero, con un 81,60%, 55,10% y un 44,90%, respectivamente. En general, los resultados muestran una ganancia significativa con respecto a la autopercepción y el nivel de autonomía logrados.

QUÉ LA HACE SENTIRSE EXITOSA EN SU EMPRESA FAMILIAR	1990	2018
Su contribución a la EF y/o su crecimiento	27%	81,60%
Recibir retroalimentación positiva	22%	38,80%
Autopercepción positiva	16%	26,50%
Poder, autoridad, toma de decisiones, influencia sobre otros	12%	28,60%
Control sobre el propio estilo de vida y tener dinero	8%	44,90%
Dominio de conocimiento técnico, capacidad para aprender y creatividad	4%	55,10%
Dentro de la categoría "otros"	0	18,00%

Fuente: elaboración propia

Casos

Creí de interés compartir los tres casos que citaré a continuación, por ejemplificar diferentes aristas de la vida profesional y vincular de las mujeres en empresas familiares. Los casos son: "Hermanos Holón: cuando el nombre es la marca", "Rechazo a la herencia", y "El empresario, su mujer y su amante". La secuencia es:

1. Descripción de las personas que intervienen y del contexto.
2. Planteo del conflicto.

3. Explicación de las consecuencias concretas de este conflicto.
4. Exposición de la metodología de trabajo para resolver el problema.
5. Descripción de la solución del conflicto.
6. Conclusión personal sobre el caso.

Caso 1. Hermanos "Holón": cuando el nombre es la marca

Qué desean el dueño y su esposa.
La viabilidad del deseo.

Me permití poner Holón como apellido de fantasía, ya que un holón es un sistema o fenómeno que es un todo en sí mismo, así como es parte de un sistema mayor. La familia es más que un grupo de individuos: es un sistema, un todo organizado cuyas partes funcionan de manera tal que trascienden sus características individuales. Cada holón pretende su autonomía y autoconservación como un todo, pero a la vez integra su función de parte (por ejemplo, la familia nuclear es un holón de la familia extensa).

Recuerdo el llamado telefónico de una mujer de mediana edad que refería lamentar no haber podido participar de un evento de capacitación. Acordamos entonces una primera entrevista en mi oficina. Su pedido concreto era resolver las dificultades en la comunicación con su padre y con su hermano menor: ella gritaba o lloraba, no podían conversar como adultos, ni como socios.

En realidad, recién luego de varias reuniones y una vez que se sintió en confianza, pudo explicitar el verdadero motivo de consulta, que la afligía profundamente y la avergonzaba: estaban afrontando una demanda de juicio iniciada por su hermana mayor por el uso de marca.

Esta hermana había abierto un negocio del mismo rubro que la empresa familiar fundada por su padre, la que contaba con una trayectoria prestigiosa en el mercado por la calidad de sus productos y servicios. Su local, ahora competencia, ostentaba en un cartel nada menos que el apellido de la familia. Esto confundía a clientes y proveedores, dado que la separación de la sociedad familiar había sido reciente y aún no había sido informada. Este conflicto estaba generando el quiebre de la familia, afectando aún más la salud de los padres, personas mayores, quienes sufrían afecciones crónicas serias.

La proximidad del juicio repercutía en las reuniones sociales y familiares. Por otra parte, en el negocio original aumentaban los "costos invisibles" en el clima laboral interno, por la lealtad de algunos empleados; y en el externo, cuando tenían que dar explicaciones acerca de la compleja separación de la sociedad.

Para obtener un diagnóstico situacional, la metodología de trabajo que propuse consistía en reuniones para aprender a negociar y no llegar a la instancia de juicio. Pasado un tiempo, en el que recibieron capacitación y reforzaron capacidades de comunicación, liderazgo, convivencia y transmisión generacional, se realizaron reuniones de directorio en la fábrica con los tres socios.

Llegar a esta instancia fue difícil porque mi clienta temía que el padre, socio mayoritario de la empresa familiar, descalificara una propuesta hecha por mujeres. También se realizaron entrevistas a la madre que, si bien no participaba en el negocio, era un factor muy importante como nexo y sostén de la familia.

La solución del conflicto principal, "el juicio por el nombre", enmascaraba celos y rivalidad de la hermana mayor porque el padre había elegido como sucesor al hijo menor. Por esta causa ella había sido desplazada, aun siendo quien mejor conocía el negocio. Deseaba el liderazgo y se consideraba la sucesora natural.

El conflicto parecía imposible de resolver, implicaba al

sistema familiar y al sistema empresario casi en su totalidad, solapando roles. A las dificultades emocionales, el corte de relaciones familiares de abuelos, nietos, tíos y primos que ya no se veían como antes, se sumaban dificultades económico-financieras por tener que afrontar un juicio, sumado a la crisis del país.

Esta familia empresaria, querible, responsable, trabajadora y emocionalmente movilizada, estaba comprometida con los valores culturales conservadores de su comunidad. Se me planteaba un importante desafío, ya que poco a poco fuimos descubriendo cuál era el verdadero motivo que no permitía a estas hermanas mujeres avanzar frente al hermano menor elegido: la discriminación cultural por género.

Durante el proceso de consultoría se abordaron peleas reiteradas por tener los socios diferentes criterios de negocio. También hubo alegrías por los avances y por acontecimientos personales y familiares. Trabajamos durante cuatro años continuos, con pausas solo durante las vacaciones.

Se pudo hablar de la muerte, de la trascendencia de la figura fuerte de líder del padre, muy difícil de emular. Aprendieron a comunicarse de manera más efectiva y comenzaron a hacer reuniones de directorio manejando informaciones de negocios, lo que permitió tomar decisiones estratégicas, planificar, establecer políticas para afrontar y negociar el encuentro con la hermana mayor y el juicio que los enfrentaba, generando alianzas y coaliciones, tanto familiares como de parientes políticos.

En cada encuentro yo intentaba desplegar recursos, implementar y transferir metodología y herramientas, buscar alternativas creativas de solución respetando la cultura familiar, distinguiendo y diferenciando lo que es del sistema familiar y lo que es del sistema Empresa, convirtiendo la zona de conflicto en *zona de acuerdos*.

Dos años después de terminado el proceso de transmisión generacional, falleció el padre por su gran deterioro físico, dejando cumplido su deseo original de dueño fundador de delegar la fábrica al hijo varón, un negocio a la hija del medio –que tiene como principal proveedor la fábrica gerenciada por el hermano–, y de recomponer la relación familiar con la hija mayor, llegando a un acuerdo económico por la marca. El negocio familiar continúa y goza de muy buena salud.

Caso 2. Rechazo de la herencia

> *Durante años, también, doña Ana fue para mí*
> *una puerta-trampa en los bajos de la memoria.*
> *Una puerta parecida a una grieta por donde pasa*
> *el viento glacial de la negación...*
> *Canta ese viento sus himnos oscuros en la cara oculta*
> *de mis pesadillas y dice no acepto,*
> *dice lo que me diste lo devuelvo, lo que recibí no lo quiero.*
> MARÍA ROSA LOJO, *Árbol de familia*

La familia numerosa que me consultaba poseía un campo, herencia del padre fallecido recientemente. El campo estaba muy bien ubicado para realizar distintas actividades productivas y rentables, o incluso planificar inversiones en el rubro turismo rural recreativo. Se trataba de varios hermanos y hermanas de entre cuarenta y cincuenta años. La madre, Ana, dada su edad avanzada y habiendo ejercido roles tradicionales en la familia, quería donarles en vida este preciado bien.

Como se sabe, en la familia los roles tradicionales son: esposa, madre, hija, hermana, "la que ayuda", "la que nutre", cuidadora, enfermera, maestra, curadora, comunicadora, mediadora. En la empresa familiar, los roles potenciales están limitados por la manera en que las mujeres se ven a sí mismas, la forma en que la familia ve a las mujeres, los recursos disponibles de la empresa y sus limitaciones, el interés, el compromiso, las habilidades y el conocimiento de la mujer[74]. El peligro de la falta de fronteras claras entre familia y empresa radica en estimular a las mujeres a exportar los roles tradicionales femeninos al área empresarial, donde no son recompensados con éxito financiero ni de carrera.

Se planteó un serio conflicto, ya que ninguno de los hijos quería aceptar la donación, porque todos tenían sus proyectos personales, sus actividades y trabajos, alejados de este regalo que irrumpía generando problemas que antes de este hecho no tenían: fuertes discusiones familiares y gastos de mantenimiento sin retorno por una estructura que no les interesaba conservar.

Además de reuniones grupales con la viuda y sus hijos, hicimos reuniones individuales con cada uno de los miembros de la familia y sus cónyuges. Solo una de las mujeres, Esperanza, la hija mayor, estaba activamente interesada en salvaguardar el campo. Tenía interesantes y variados proyectos que requerían de una fuerte inversión de los demás; pero los otros herederos no estaban dispuestos a realizarla porque no tenían motivación ni compromiso alguno.

Ese campo, en otros tiempos más felices, había sido un espacio de encuentro de placenteras vacaciones infantiles y adolescentes, pero en la actualidad no lo aprovechaban, por la lejanía y por el estado en que se encontraba el casco de estancia. Este solo servía de vivienda permanente a Esperanza, soltera y sin descendencia.

En nuestras reuniones de trabajo, todos se escuchaban atentamente y socializaban los distintos proyectos de vida, de cada uno y con su familia. A esa altura, ya formaban una confederación de primos. Entendieron que podían diferir las metas personales, familiares y societarias, que casi nunca eran las mismas y que costaba compatibilizarlas, más aún cuando requerían de acuerdos con parientes políticos.

____

74 Matilde Salganicoff, Doctora en Educación.

Si la "madre tierra" significa para todas las culturas arraigo, pertenencia, riqueza, ¿por qué rechazar un bien tan estimado cuando algunos luchan para ser propietarios de un pedacito de tierra? Para cultivarla, para criar ganado, para esparcimiento o, en este caso, para hacer miniturismo, visitando la "centenaria capilla embrujada y exorcizada" que estaba en el medio de la propiedad y alejaba a propios y ajenos, por si acaso no fuera historia inventada para seguridad de los vivos.

Trabajamos sobre el tema del "regalo": una alternativa de solución saludable puede ser no aceptarlo, devolverlo si algo no nos conviene o interfiere en nuestro presente y futuro. A veces, es una buena salida "vender" el negocio o la propiedad familiar. En este caso, era el deseo de "otros", el de Ana, la madre. Para ella, conservar el campo significaba mantener viva la memoria del padre y ligar a las generaciones futuras en un proyecto común.

> Es bastante habitual encontrar familias para quienes hablar de ciertos temas provoca temor a la desintegración, a la muerte de alguno de sus integrantes o a la pérdida de amor o de confianza. Por eso se evita hablar de algunas dificultades o de ciertas cuentas no saldadas que pasan de generación en generación.
>
> "Estas familias son reacias a las revisiones. Muchas veces el silencio alimenta malentendidos, fantasmas, temores, traiciones en relación con el proyecto común...
>
> (...) Una historia de cosas no dichas, de malentendidos, de pre-supuestos acerca de lo que el otro piensa, termina conformando una verdadera cultura del silencio. Mientras el negocio está en equilibrio el problema queda cubierto, pero cuando algunos acontecimientos hacen aflorar las cuentas pendientes estalla el conflicto[75].

---

75 Srebrow, C.: "Empresas familiares, ¿sucesión o transferencia generacional?", *Panorama de management y gestión*, febrero, pp. 221-25, 1994.

Avanzado el proceso de consultoría, se compartieron historias y anécdotas reveladoras que los demás desconocían. La más significativa surgió en una sesión individual con Ana, a partir de la construcción del genograma familiar. Durante este encuentro, me develó que sus hijos mayores no eran biológicos, sino descendientes del primer matrimonio de su marido, quien era viudo cuando se conocieron. Desde muy pequeños, ella los amó y los crio como propios.

A raíz del rechazo de la herencia, Ana llegó a temer que estuvieran abjurando de la tierra a causa de "esa grieta por donde pasa el viento glacial de la negación. Ese viento que canta sus himnos oscuros y dice no acepto, lo que me diste lo devuelvo, lo que recibí no lo quiero".

Caso 3. El empresario, su mujer y su amante

¿La infancia tiene al infante,
así como la adultez tiene al adúltero?

La que consultaba era Laura, una mujer de 45 años, quien trabajaba con Juan, su marido (de unos 50 años) en la empresa familiar que él había heredado de sus padres y en la que llevaba trabajando más de treinta años.

Toda la energía de Juan estaba puesta en la empresa con pasión, sin límites y en forma incondicional, lo cual también les exigía a su esposa y a sus empleados, e incluso al trabajo de consultoría. Como no quería desatender sus negocios, al comienzo nos reuníamos en un restaurante frente a su empresa, durante el horario del almuerzo.

Pese a los celos, o cierta rivalidad que sentía con respecto a la empresa ("la amante" de su marido[76]), Laura

---

76 Según una clasificación de Ernesto Poza (*Empresas familiares*, Thomson, México, 2004), hay determinadas cónyuges que contribuyen de una u otra

desempeñaba allí, de manera proactiva, funciones y responsabilidades propias: marketing, desarrollo de productos, contacto con proveedores y clientes, habiendo desarrollado muy efectivamente la multifuncionalidad en las diferentes áreas.

Juan era un empresario que tomaba decisiones solo, asumía grandes riesgos, ganaba y perdía como un jugador, un hombre de acción; era un emprendedor al que le costaba pasar de un pensamiento operativo a uno estratégico: participaba en licitaciones, invertía en la apertura de locales, los desarrollaba con éxito económico, comprometiendo su dedicación y la de los demás, a quienes reclamaba su acompañamiento.

Como consecuencia, no disponía de tiempo ni para ella, ni para su hija discapacitada de 12 años: no iba a eventos escolares, como pareja no tenían amigos ni vida social. Hacía cinco años que no tomaban vacaciones; el trabajo no era *full time*, sino *full life*.

Todo era para la otra: su empresa-amante. ¿Podríamos pensar este caso como un triángulo amoroso? Cierta vez, a las dos de la madrugada, Juan le dio a Laura suaves golpecitos en la espalda.

—¿Qué pasa, mi amor? —le preguntó ella semidormida, imaginando un llamado romántico.

—¿Depositaste el cheque en la cuenta?

Juan había engordado en exceso y no tenía ningún control en su vida personal ni en el trabajo. Además, para él todo tenía que ser ¡ya! No es sencillo el tema de adicciones, cualquiera sea su tipo, ya que es una condición que genera placer y dolor, lo cual impide avanzar.

---

manera a lo que sucede en el proceso de continuidad. Entre ellas menciona a las esposas celosas, que aparecen mayormente en la primera y la segunda generación, con esposos fundadores que han puesto mucho compromiso de tiempo, de energía, de motivación en la empresa, por lo que ellas se sienten algo olvidadas y manifiestan un grado de celo, no solo hacia el empresario, sino también hacia esa empresa que se ha convertido casi en su amante.

Si la *a-dicción* es lo *no-dicho*, podemos preguntarnos si en esta familia se hablaba suficientemente acerca de la hija y su discapacidad. Por otra parte, si la adicción, entre otras cosas, es la no capacidad de espera, ¿se podría hablar aquí de una adicción al trabajo? ¿A Juan le era más placentero dedicar su vida productiva a la empresa, que tenía potencial de desarrollo y crecimiento, que brindarse a su pareja y a su descendencia? Y si el *negocio* es la *negación del ocio,* ¿Juan ocupaba todo el día en la empresa para no ocuparse de su vida afectiva?

Las consecuencias de la vida de un *workaholic*[77] afectan también a los demás. Laura estaba exhausta, sobrecargada en tiempo y energía, diversificada en cada vez más tareas: además de los temas de la empresa y de la casa, debía afrontar las necesidades, los médicos y la integración de su hija en el ámbito escolar y social. De esta manera, ninguno de los dos estaba disponible para el otro.

Con respecto al trabajo de consultoría, para introducir una pauta de orden realizamos reuniones individuales y de pareja, *workshops* con empleados e implementamos un equipo interdisciplinario de consultores. Además de una reingeniería del circuito administrativo y de ventas, abordamos temas como:

- Dificultad de delegación y *empowerment.*
- Valores gobernantes.
- Necesidad de atender el desarrollo personal, familiar y laboral.
- Profesionalización de la empresa, manteniendo la propiedad.
- Protección de la hija en el futuro, cuando ambos fueran mayores.

---

77 Adicción al trabajo que se caracteriza por una necesidad excesiva e incontrolable de trabajar de forma constante. Las personas adictas al trabajo suelen trabajar "sin obligación" explícita ni implícita fuera de horas, dedicando un tiempo excesivo a su labor y sintiéndose mal si no lo hacen.

- Voracidad, compulsión y adicción. Los excesos podían tener una raíz emocional, espiritual y física.
- Elecciones y decisiones.
- Capacidad de resiliencia[78].

Entre los principales logros y resultados, se destacan estos hechos:

- Juan bajó de peso y recuperó salud.
- Tomaron vacaciones en pareja y en familia, habilitaron momentos de paseo, disfrute y descanso como no lo habían hecho nunca.
- Lograron una vida más ordenada, aprendiendo a diferenciar los sistemas familiar y empresario. Introdujeron el concepto de "horario de protección a la familia".

Como en toda adicción, donde uno no se cura sino que se recupera, Laura y Juan sabían que debían estar atentos y cuidarse en forma permanente para no recaer...

Conclusiones

¿Qué conecta a las mujeres con sus familias empresarias de ayer, las de hoy y las de mañana? Matilde Salganicoff sostenía que el yo central de la mujer es un núcleo constante e inamovible donde su vida está formada por un área de subsistemas superpuestos en permanente cambio (Figura 38). La mujer es transmisora de valores y el entorno es un factor influyente y constantemente presente. Los valores, tanto

---

78 Rirkin y Hoopman describen a la resiliencia como "la capacidad de recuperarse, sobreponerse y adaptarse con éxito frente a la adversidad, y de desarrollar competencia social, académica y vocacional pese a estar expuesto a un estrés grave o simplemente a las tensiones inherentes al mundo de hoy". *Moving beyond Risk to Resiliency.* Minneapolis Public Press, Minneapolis, 1991.

como la cultura de las personas que trabajan en las empresas familiares, hacen la diferencia entre unas y otras.

Figura 38. La vida de una mujer en una empresa de propiedad familiar

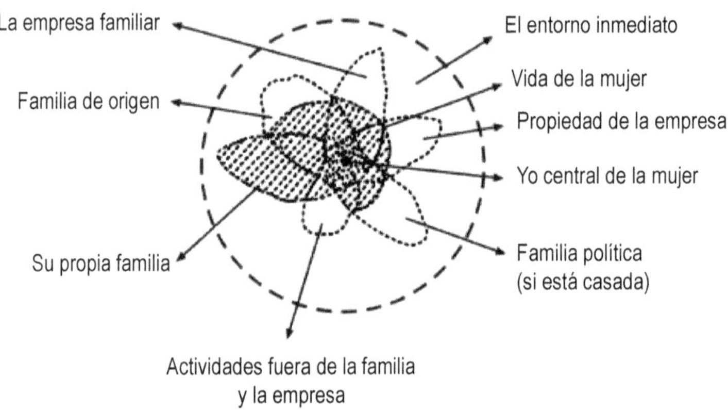

Coincidiendo con Dumas[79], se observan cuatro maneras de ingresar en la empresa familiar: fundarla, ocuparse de los niveles más básicos e ir creciendo hacia puestos con mayor responsabilidad, incorporarse en un puesto directivo y trabajar en proyectos específicos.

Dumas explica que la visión de la mujer sobre la empresa iba cambiando a medida que iba progresando dentro de la sociedad y en sus funciones. El autor hace referencia a las mujeres que pertenecen a las empresas familiares y se ven a sí mismas como una trabajadora más. Otras consideran la empresa como suya, y su liderazgo cambia dependiendo de la familia y de la empresa familiar.

---

79 Dumas C.: "Women's Pathways to Participation and Leadership in the Family-Owned Firm" en *Family Business Review* 11 (3): 219–228. 1998.

Los principales motivos que llevaron a las mujeres encuestadas a encaminarse al liderazgo son: llevar adelante una empresa, mostrar sus conocimientos y aptitudes para el puesto y aplicar su formación al cargo. Otros factores son: fallecimiento del fundador o un período en el que la empresa necesite ayuda.

Salganicoff opinaba en 1990 que la mujer gozaba de particularidades, como el sentido de lealtad hacia la empresa y la familia, el interés por las necesidades de todos los miembros, así como el hecho de ser intuitiva. Estas características hoy están consideradas entre las cualidades que debe poseer todo buen director de empresa.

Rowe y Hong[80] expresan que a medida que la sociedad familiar va aumentando de tamaño también crece la intervención de la mujer en la empresa: se necesita más personal, por lo que se van incorporando las parejas, nuevas generaciones. Lucía Ceja, investigadora de la Cátedra de Empresa Familiar del IESE[81], resalta que el papel de la mujer dentro de la empresa familiar está creciendo y su actividad en la dirección de esta, enfrentando nuevos retos y oportunidades.

Ceja explica que las empresas familiares se han creado siguiendo los roles existentes en la familia tradicional, donde la mujer ocupaba puestos secundarios y era infravalorada, cuando en la realidad cumplía un papel muy importante en estas empresas.

Diversos autores coinciden en que las personas que más transmiten los valores y las creencias dentro de la familia son las mujeres, quienes influyen en las siguientes generaciones introduciendo las nociones necesarias de trabajo y

---

80 Rowe, B. y Hong, G.: "The Role of Wives in Family Businesses: The Paid and Unpaid Work of Women", *Family Business Review*, 2000.

81 Ceja, L.: "El papel de la mujer en la empresa familiar: el reconocimiento de un rol crítico pero a veces invisible", *Newsletter* nº 28, Cátedra de Empresa familiar: IESE, 2008.

riqueza. En los procesos clave como conflictos, sucesiones o crisis, actúan como líderes emocionales.

Las mujeres pueden contribuir de distintas maneras desde sus roles profesionales en áreas en las que han hecho carrera. Así, llevan adelante distintos departamentos: el de arquitectura, el de marketing, finanzas, recursos humanos o relaciones públicas, entre otros.

Tomando los factores internos que se basan en las motivaciones intrínsecas del modelo de Pérez[82], son aquellos que motivan a las mujeres para satisfacer las necesidades y/o expectativas internas propias de participar en los cargos directivos/órganos de gobierno (directorio) de sus empresas familiares. En 2003 y 2004 ya se podían advertir los beneficios de la presencia de mujeres en los directorios.

Se sostiene en la actualidad lo afirmado por Lyman en 2001[83] en cuanto al desarrollo profesional y personal de las mujeres: cuando están preparadas profesionalmente, sienten que pueden aportar a las políticas y estrategias de la empresa familiar, lo cual se refleja en un desarrollo personal positivo y un manejo adecuado de las relaciones con los demás miembros de la familia.

En la familia y en el negocio familiar son importantes la buena comunicación, la cooperación, el proceso formativo vocacional a lo largo de toda la vida, el conocimiento del negocio, tanto si las mujeres deciden permanecer o trabajar en otras compañías, conciliar trabajo y familia, tener claridad en las prioridades personales, disponer de autonomía en la toma de decisiones y de independencia económica, descubrir y potenciar las fortalezas.

---

82 Pérez L., J.: "Las motivaciones humanas". Nota técnica FHN-161, I, Universidad de Navarra, España, 1987.
83 Lyman, A.; Salganicoff, M. y Hollander, B.: "Women in Family Business: an Untapped Resource", en *Sam Advanced Management Journal*, 2001, 47-48.

CAPÍTULO VI

Confianza y profesionalización de la empresa familiar

Sin confianza no se puede crear nada.
SIMON DOLAN[84]

Mi hipótesis principal es que sin importar cuál sea el campo de acción profesional del consultor en empresas familiares, su trabajo se verá afectado por grados de dos variables: el valor confianza-desconfianza, y la presencia-ausencia de profesionalización.

El objetivo aquí es legitimar la importancia de la confianza como "el valor de los valores", según Dolan, y el concepto de *Feedforward*, relacionado con la profesionalización en la empresa familiar.

En este capítulo propiciaré movilizar estructuras informales dentro de la organización y construir sistemas de gestión profesionalizados, mirando de manera diferente los sistemas empresa, familia y propiedad.

Si mezclamos esos universos paralelos, esos rasgos, conceptos e ideas que los constituyen, nos desafiamos a lograr algo diferente, innovador, para abrir nuevos caminos en nuestra labor como consultores.

---

84 Doctor en Recursos Humanos nacido en Israel en 1951, experto en Psicología del Trabajo. Dirige la cátedra The Future of Work Chair (Esade).

Generar un "nuevo" modelo[85]: empresa y consultor construyendo confianza

Figura 39. ADN de la familia empresaria

Pretendo generar un "nuevo" modelo, atendiendo y priorizando el valor de la **construcción de la confianza** en la interacción con el consultor y su equipo. La cuestión no es menor y conlleva una intención estratégica y el beneficio de procesos sustentables:

- Tomar ventaja de los valores, comportamientos, mitos y normas culturales que constituyen los impulsos escondidos de la vida de la empresa familiar contribuye a que el consultor comprenda la compleja trama emocional y de resistencias de esta.

---

85 Uno de los ejemplos favoritos, y muy bien narrado por el creador de mundos de ideas Gerry Garbulsky, es la coexistencia pacífica durante siglos –y quizás milenios– de las valijas, por un lado, y las ruedas por el otro; hasta que en la década de 1970 se patentó la primera maleta con ruedas, y el universo cambió para siempre. "Innovación, esa palabrita que hoy está tan de moda. Se trata, en pocas palabras, de juntar mundos dispersos", Diego Golombek, *La Nación*, domingo 20 de marzo de 2016.

- Desarrollar el liderazgo creativo y las decisiones de negocio que generen valor.
- Entender por qué y dónde pueden surgir las dificultades, para entrar en el sistema definiendo el rol como una parte confiable en el proceso, con útiles intervenciones sistémicas.

¿Por qué se me ocurre ocuparme ahora de este tema? Justamente porque me parece que hay una situación crítica y dificultades, una inadecuación entre lo que está sucediendo y nuestro modelo.

El mayor problema de nuestro quehacer como consultores es lo que nos plantea este nuevo modelo de familias y empresas, y también un nuevo contexto que nos invita a interconectarnos en redes vivas, esa práctica que nos es cercana y que, a causa de su novedad, me parece más bien lejana. Para entender lo nuevo, para pensarlo, es que decidí escribir.

¿De dónde venimos? ¿Dónde estamos? ¿Hacia dónde vamos?

Parafraseando a Samuel Arbesman en su libro *La vida útil de los datos*[86], "el nuevo desafío que enfrentamos como consultores no es aprender, es desaprender".

Las *Ocho edades del hombre* postuladas por Erick Erickson

El sistema de clasificación del desarrollo humano formulado por Erickson, psicoanalista alemán nacionalizado estadounidense, se basa en los aspectos psicosociales de su proceso evolutivo. Para él, la personalidad del individuo nace de la relación entre las expectativas personales y las limitaciones del ambiente cultural.

---

86 *The Half-life of Facts: Why Everything We Know Has an Expiration Date*, Current. Nueva York, 2012.

Según Erickson, la vida de un ser humano comprende ocho etapas, en cada una de las cuales se presenta un conflicto básico, algo que el individuo debe resolver, y un logro que debe alcanzar en ese momento de la vida.

La confianza es esencial para el sentido de realidad

La primera demostración de confianza social del niño pequeño implica no solo que ha aprendido a confiar en la mismidad y la continuidad de los proveedores externos (sus padres o sustitutos), sino también en su capacidad de confiar en sí mismo. Para resolver el conflicto entre confianza básica y desconfianza básica es necesario remontarse a la relación temprana materno-filial, que crea la base de un sentimiento de identidad que podrá, según el caso, ser o no "aceptable".

Hay excepciones, lo que los norteamericanos llaman "niños irrompibles", que desarrollan resiliencia[87], y que "resisten todo": niños sin padre, y con frecuencia sin madre, sin familia ni sostén, parecen sobrevivir contra viento y marea. Es posible que estos niños sobrevivan porque cuentan con un resorte innato u oculto, relacionado con un fuerte impulso vital.

Sin embargo, en ocasiones el problema se plantea para sus descendientes, para quienes el traumatismo transmitido puede ser más fuerte que el recibido[88]. Algunas veces en las familias empresarias no se encuentra explicación a la dinámica en la actual generación y quizás se deba a traumas que pueden venir de generaciones anteriores[89].

---

87 Capacidad para salir adelante, para vivir, para desarrollarse, a pesar de la adversidad.

88 Bierer, L. M.; Yehuda, R.; Schmeidler, J.; Mitropoulou, V. *et al.*: "Abuse and neglect in childhood: relationship to personality disorder diagnoses". *CNS Spectr*, 8(10): 737-754, 2003.

89 Alicia Stivelberg y otros: "Transmisión a la luz de tres generaciones", en: *Envejecimiento y vejez. Nuevos aportes*, Atuel, Buenos Aires, 1998.

El ser humano es un ser de lenguaje, el único. Él crea el lenguaje y el lenguaje, a su vez, lo modela. También lo corporal transmite conceptos: los gestos, las miradas, las inflexiones de voz.

Actualmente se escucha la expresión novela familiar para indicar la saga familiar, es decir, la historia que cuenta una familia sobre su propia historia, mezclada con recuerdos, llena de omisiones, agregados, fantasmas y realidad. Así, podemos hablar de las transmisiones intergeneracionales y de las transgeneracionales.

Las **transmisiones intergeneracionales** son pensadas y habladas entre abuelos, padres e hijos: hábitos familiares, habilidades, maneras de ser. Se es profesional, maestro, agricultor, escribano, militar, de padre a hijo; se trabaja en una oficina o en una fábrica, se tiene mano verde u oído musical. O sus contrarios, como forma reactiva al modelo familiar.

Las **transmisiones transgeneracionales** no se dicen, son secretos, no-dichos, cosas silenciadas, ocultas, a veces prohibidas incluso al pensamiento (impensadas) y atraviesan a los descendientes sin ser estos conscientes de ello. Se ven aparecer entonces traumatismos, enfermedades somáticas o psicosomáticas que pueden desaparecer con frecuencia si se habla de ellas, se llora, se las trabaja o se las elabora[90].

Hacer con un sentido y un significado

Cuando describimos el crecimiento y las crisis del ser humano como una serie de actitudes básicas alternativas tales como confianza y desconfianza, recurrimos al término "sentimiento de", al igual que hablamos de un sentimiento de bienestar o de no estar bien. Todo esto tiene aspectos conscientes e inconscientes.

---

90 Schützenberger, Anne Ancelin: *¡Ay, mis ancestros!*, Omeba, Buenos Aires, 2006.

Figura 40. El amor y el miedo: una elección vital

LOS FRUTOS DE CADA PARADIGMA	
AMOR	**MIEDO**
FLEXIBILIDAD	RIGIDEZ
MOTIVACIÓN	DESMOTIVACIÓN
OPTIMISMO	PESIMISMO
EXCELENCIA	PERFECCIONISMO
ESFUERZO	SACRIFICIO
PERDÓN	RESENTIMIENTO
PAZ INTERIOR	VIOLENCIA
↓	↓
CONFIANZA	FALTA DE CONFIANZA

Cuando hablamos de amor nos referimos a esa energía vital con la que todos nacemos, que nos conecta con la vida y con los demás, nos da energía para cumplir nuestras metas, acciones, intenciones, trabajo, vínculos, salud y vida. El amor expresado es de poderosa fuerza curativa. Un gran porcentaje de las enfermedades del ser humano vienen del campo emocional. Si bien el miedo no siempre es negativo, también puede ser limitante, desmotivador y hasta paralizante[91].

Son los padres quienes transmiten al niño la convicción profunda de que todo lo que hacen tiene un sentido y un significado.

No considero pertinente desarrollar aquí las otras edades pero sí mencionarlas. Estas son:

1. **Confianza básica *versus* desconfianza básica:** *sentido de realidad.* Que el niño logre permitir que la madre

---

91 De Andrés, Verónica y Andrés, Florencia: *Confianza total. Para vivir mejor,* Planeta, Buenos Aires, 2015.

se aleje de su lado sin experimentar extrema ansiedad o rabia es un signo de confianza porque se ha convertido en una certeza interior, así como en algo exterior previsible.

2. **Autonomía *versus* vergüenza y duda:** *hacer con sentido y significado.* El sentimiento de autonomía fomentado en el niño y modificado a medida que la vida avanza sirve en la adultez para la preservación de la vida económica y de un sentido de la justicia.

3. **Iniciativa *versus* culpa**: *regulación de la emoción.* La iniciativa es una parte necesaria de todo acto, y el hombre necesita un sentido de la iniciativa para todo lo que aprende y hace, desde recoger frutas hasta un sistema empresario.

4. **Industria *versus* inferioridad:** *división del trabajo.* En la etapa escolar, el niño aprende a obtener reconocimiento mediante la producción de cosas. Desarrolla un sentido de la industria, se adapta a las leyes del mundo de las herramientas. Esta etapa es decisiva desde el punto de vista social: puesto que la industria supone hacer cosas junto a los demás y con ellos, en esta época se desarrolla un primer sentido de la división del trabajo.

5. **Identidad *versus* confusión de rol:** *búsqueda de valores sociales.* Esta etapa de transición se ubica entre lo psicosocial y lo ético de la infancia y la adultez. La mente del adolescente es una mente ideológica que busca valores sociales que guíen la identidad.

6. **Intimidad *versus* aislamiento:** *identidad, cumplir compromisos.* El adulto joven está dispuesto a fundir su identidad junto con la de otros. Está preparado para la intimidad, lo que supone formar parte de organizaciones y desarrollar la fuerza ética para cumplir compromisos, aun cuando estos puedan generar sacrificios significativos.

7. **Generatividad** *versus* **estancamiento:** *guiar a la nueva generación.* La generatividad es la preocupación por guiar y establecer a una nueva generación (tener hijos, criarlos, generar proyectos). Constituye una etapa esencial en el desarrollo psicosexual y también psicosocial.

8. **Integridad del Yo** *versus* **desesperación:** *adaptación a triunfos y desilusiones.* Solo en el individuo que ha cuidado de cosas y personas y se ha adaptado a los triunfos y las desilusiones puede madurar el fruto de las siete etapas anteriores. Esto se traduce en la seguridad acumulada del Yo con respecto a su tendencia al orden y el significado. Esta etapa es la aceptación del propio y único ciclo de la vida como algo que debía ser y que, necesariamente, no permite sustitución alguna.

¿Hay una novena edad?[92] Nuevo impulso *versus* pasividad y desidia: los "nonotecnológicos"

Nuevo impulso u oportunidad que puede cambiar el resto de su vida.
Si se tienen proyectos, se está vivo.

Actualmente, una persona a los 65 años, edad a la que hasta hace pocos años se retiraba de la vida activa, tiene estimada una mejor expectativa en cantidad y calidad de vida durante las siguientes dos décadas. Es bueno preguntarse con anticipación suficiente: "¿Qué haré los próximos veinte años?".

Se añade un ciclo nuevo, que para mí constituye una novena edad del hombre que, lejos de ser involutiva, aporta

---

92 *Nonotecnológicos*: neologismo que acuñé a partir de los vocablos *nono* (que ocupa el noveno lugar en una serie y abuelo o abuela) y *tecnológico*. Stivelberg, A.: "Confianza y profesionalización en la empresa familiar". En: *La profesionalización de la empresa familiar*, Ad-Hoc, Buenos Aires, 2017.

una evolución hacia nuevas posibilidades de cambio, integrando los aprendizajes y las experiencias de las ocho etapas anteriores.

Figura 41. Empresa familiarmente responsable.
Una familia empresaria lo es porque es consciente de los valores que la identifican y sabe trasmitirlos[93]

VALORES ESENCIALES A TRANSMITIR EN LAS FAMILIAS EMPRESARIAS	
EDADES	**VALORES**
INFANCIA →	RIGIDEZ
PUBERTAD →	RESPONSABILIDAD
ADOLESCENCIA →	AMISTAD
JUVENTUD →	CONYUGALIDAD
ADULTEZ →	PROFESIONALIDAD

La familia empresaria y la confianza

Tanto en los negocios como en las relaciones familiares, recuerda que lo más importante es la confianza.

De acuerdo con la mayoría de las teorías que la abordan, la confianza es una suspensión temporal de la situación básica de incertidumbre acerca de las acciones de los semejantes. Gracias a ella es posible suponer un cierto grado de regularidad y predictibilidad en las acciones sociales, lo que simplifica el funcionamiento de la sociedad.

---

93 Fernando Nogales, seminario "La Profesionalización de los Consejos de Familia y de sus consejeros familiares", IADEF, Buenos Aires, 2013.

La confianza es una hipótesis que se realiza sobre la conducta futura del prójimo. Es una actitud que concierne al futuro, en la medida en que este depende de la acción de un otro. Es una especie de apuesta que consiste en no inquietarse por el no-control del otro ni del tiempo.

En el abordaje típicamente funcionalista, la confianza se considera la base de todas las instituciones y funciona como correlato y contraste del poder, consistente en la capacidad de influir en la acción ajena para forzarla a ajustarse a las propias expectativas.

Figura 42. La confianza se basa en dos rasgos esenciales: carácter y competencia. El primero comprende la integridad, las motivaciones, las intenciones con las personas. El segundo comprende las capacidades, las habilidades, los resultados y la trayectoria[94]

El término confiabilidad es usado generalmente para expresar un cierto grado de seguridad de que un dispositivo o sistema operará exitosamente en un ambiente específico durante un cierto período. Tuvo sus orígenes en la tecnología militar y espacial. Sin embargo, el incremento en la complejidad de los sistemas, Covela competitividad en el mercado y el equilibrio entre el presupuesto y el recurso

---

94 Covey, Stephen M. R.: *El factor confianza. El valor que lo cambia todo*, Paidós, Buenos Aires, 2010.

han originado la expansión de la disciplina a muchas otras áreas. Cuando la confiabilidad se define cuantitativamente, puede ser especificada, analizada y se convierte en un parámetro del diseño de un sistema que compite contra otros parámetros tales como costo y funcionamiento.

El término confiabilidad aplicado a una organización o a una empresa se refleja sobre la base de factores como: la calidad con la que realiza sus productos, su código ético y su cultura o clima laboral. Pero por encima de todo ello se refleja mediante el *ethos de la empresa*[95], lo que define su carácter y los rasgos que la distinguen de cualquier otra.

Figura 43. La unidad y el compromiso son el origen de múltiples fortalezas

EROSIÓN DE LAS FORTALEZAS ESENCIALES DE LA EF	
UNIDAD • Intereses comunes • Autoridad reconocida • Confianza mutua • Comunicación • Compenetración • Flexibilidad	**DESUNIÓN** • Intereses en conflicto • Facciones divididas • Recelo • Murmuración • Odio personal • Rigidez al cambio
COMPROMISO • Entrega a un ideal • Sacrificio personal • Exigencia de lo mejor • Pensamiento a largo plazo	**ABSTENCIÓN** • Negación de la entrega • Reivindicación de sacrificios anteriores • Refugio de ineptos • El "hoy" es lo importante

---

95 La expresión *ethos de la empresa* es el conjunto de valores y creencias que constituyen su cultura, conformando el modo de ser y de hacer las cosas en ella. Uno de los desafíos clave de una empresa es cómo existir en la vida de sus clientes. En la actualidad, la conectividad habilitada por las nuevas tecnologías anuncia una era de participación y colaboración donde los productos son co-creados y las marcas construyen vínculos con las personas a través de los valores. La forma en que se adapte la empresa familiar a este cambio determinará su éxito futuro.

El reto es ayudar a evitar caer en las trampas que le son más propias para pasar a las siguientes generaciones y alcanzar posiciones de liderazgo en sus mercados[96].

Confianza y profesionalización de la empresa familiar

¿Qué es una profesión sino una pasión que se vive
"en serio", que se profesa?

La confianza es la creencia en que una persona o un grupo serán capaces de saber actuar de manera adecuada en una situación, y se verá más o menos reforzada en función de las acciones.

Profesión es una palabra derivada de *profesar*, que significa aceptar y seguir a una persona, doctrina o creencia.

La fórmula empresarial tradicional dice que estrategia por ejecución es igual a resultados:

$$\mathbf{Es \times Ej = Re}$$

Pero esta fórmula tiene una variable oculta: la confianza, ya sea el impuesto por escasa confianza que se deduce del resultado o el dividendo por elevada confianza, que lo multiplica[97].

$$\mathbf{(Es \times Ej)\ C = Re}$$

La capacidad de infundir, cultivar, desarrollar y recuperar la confianza con todas las partes interesadas es la competencia de liderazgo clave de la nueva economía global.

---

96 Gallo, Miguel Ángel: *La empresa familiar. Trampas, ciclo de vida, sucesión, órganos de gobierno*, Biblioteca IESE de Gestión de Empresas, Barcelona, 1997.
97 Stephen M. R. Covey, *op.cit.*

El único factor que lo transforma todo

¿Cómo influye el factor confianza en la trayectoria y los resultados de nuestras vidas, tanto a nivel profesional como personal, y cómo podemos cambiarlo?

Nada es tan veloz como la rapidez
de la confianza.

La DesConfianza duplica el costo de hacer negocios, son costos ocultos, es la variable oculta que no aparece en ningún detalle.

Al igual que el impuesto que grava, la escasa confianza es real, mensurable y sumamente elevada; los dividendos de la alta confianza son reales, mensurables y sumamente elevados.

Y pensemos en la rapidez con que uno puede comunicarse en las propias relaciones, sean personales o profesionales, con un elevado nivel de confianza.

Asemeja a un multiplicador del rendimiento, que potencia y mejora todas las dimensiones de la organización y de la vida. En una empresa, mejora sustancialmente la comunicación, la colaboración, la ejecución, la innovación, la estrategia, el compromiso, la asociación y las relaciones con todas las partes interesadas.

En la vida personal, la confianza elevada mejora notablemente la emoción, la pasión, la creatividad y la alegría en las relaciones con los familiares, los amigos y la comunidad. Obviamente, los dividendos no se reciben solo en forma de una mayor rapidez y una dimensión económica más favorable, sino también en forma de un mayor disfrute y una mejor calidad de vida.

Para que una empresa familiar pueda profesionalizarse, deberá tener suficiente confianza en el consultor o familiar que desarrolle la gestión.

Figura 44. Aprender a ampliar la "confianza inteligente" es una función de dos factores: predisposición a la confianza y análisis, que se yuxtaponen, corazón y mente[98]. Confía, pero verifica

Muchas de las empresas familiares en Latinoamérica se encuentran en la etapa de transición hacia su segunda generación, por lo que necesitan rediseñar los procedimientos para garantizar su competitividad, crecimiento y permanencia en el mercado para la actual y las futuras generaciones.

Una de sus debilidades reside en la gestión de los recursos y el pasaje de un pensamiento operativo a uno estratégico. Para esto, hace falta reconocer que no basta con el probado conocimiento y la experiencia de sus dueños o fundadores, sino que es necesario emprender un camino de capacitación y profesionalización interna y/o la asistencia de profesionales externos que implementen metodologías para el logro de sus objetivos.

---

98   Stephen M. R. Covey, *op. cit.*

Figura 45. Familia y empresa: perspectiva de los sistemas

El conflicto surge de la superposición de los sistemas mencionados, lo cual no puede evitarse por la contraposición de valores en las respectivas esferas de acción, buscando el equilibrio. Uno de los primeros pasos para lograr este objetivo es profesionalizar la empresa[99].

Belausteguigoitia[100] habla de la profesionalización de una empresa familiar como un proceso gradual de cambio, que se inicia cuando la empresa diseña puestos de trabajo acordes a las capacidades y potencialidades laborales de cada trabajador, dejando de lado las preferencias y afinidades familiares con los propietarios y/o directivos de la compañía. Este proceso de profesionalización tendrá éxito desde sus inicios si la empresa familiar adopta como estrategia de crecimiento un programa de capacitación y promoción mediante el cual

---

99   Leach, P.: *La empresa familiar, op cit.*
100 Belausteguigoitia, I.: *Empresas Familiares. Su dinámica, equilibrio y consolidación*, Editorial McGraw-Hill, México D.F., 2003.

se evalúen de forma periódica, objetiva y constructiva los niveles de desempeño de cada trabajador de la compañía (sea familiar o no), incluso el de los directivos y propietarios de la organización.

Además, es importante evaluar y tener en cuenta el potencial de desarrollo (*Value Drivers*)[101], tanto de los familiares como de los no familiares, para incorporarlos, reconvertirlos, o que tengan una posibilidad de salida de la empresa familiar con una mejora en su calidad de vida.

Figura 46. Visualizamos mediante tres gráficas los factores comprometidos en toda acción social.
Esta implica la interrelación de tres sistemas: de personalidad de los sujetos o actores, social –con sus estructuras peculiares–, y cultural, con sus pautas de valor, creencias, mentalidades, en la familia[102]

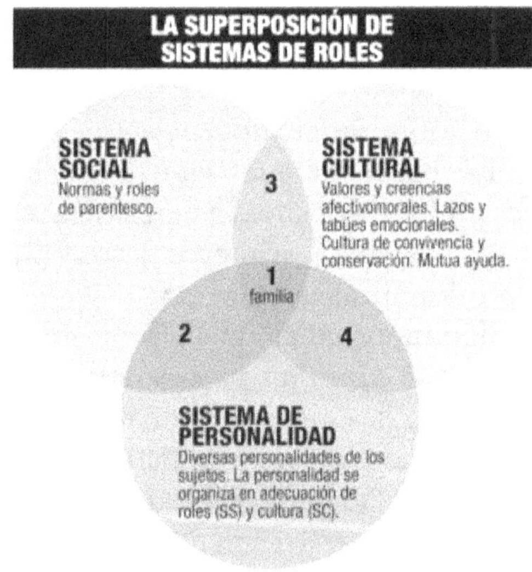

101 Tecnología *Value Drivers*: herramienta diseñada para detectar el potencial de desarrollo de las personas, a través de sus Estructura de Valores, Estilo de Pensamiento, Anclas de carrera, Introversión-Extraversión, Crowe Horwath, 2006 (ver Apartado *Value Drivers* en el Capítulo I).
102 Pithod, A. y Dodero, S.: *La empresa familiar y sus ventajas competitivas*, El Ateneo, Buenos Aires, 1997.

Con esta finalidad, los directivos deben comprometerse en el proceso de profesionalización para expandirlo a la cultura organizacional y que sea parte de la identidad de la empresa. Esta labor involucra los tres sistemas básicos que proponen Davis y Tagiuri[103]: familia, empresa y propiedad.

El modelo de los tres círculos hoy, en mi opinión, debería contemplar además el pensamiento en red. Pensar en red, abrirse al conocimiento y a la ayuda del entorno impulsa la innovación.

Serna y Suárez[104] afirman que el proceso de profesionalización debe poder vincular e interpretar los intereses de cada persona y el rol que desempeña, ya que puede tener motivaciones distintas que requieren ser equilibradas y enfocadas en los intereses propios de la empresa familiar.

Figura 47. Mismo principio que en la Figura 46, aplicado a la empresa

---

103 Tagiuri, R. y Davis, J.: "Modelo de los tres círculos. Atributos ambivalentes de la empresa familiar". *Family Business Review, 11* (1), 11-16. Massachusetts, 1982.

104 Serna, H. y Suárez E.: *La empresa familiar. Estrategias y herramientas para su sostenibilidad*, Temis, Bogotá, 2005.

Actualmente, el trabajo está marcado por la globalización, la digitalización y la virtualización que habilitan otras formas de relacionamiento, como por ejemplo la "hoficina" (hogar-oficina) y una mayor interrelación robótica-hombre.

Qué decir del pluriempleo mutante respecto de la continuidad y el fortalecimiento de la empresa familiar en el tiempo, con el paso de las generaciones. Hoy, los jóvenes buscan no depender de una sola empresa, la alta rotación es un fenómeno en expansión. Para evitarlo, las organizaciones buscan mejorar el clima laboral de cara a sus objetivos, poniendo énfasis en el ambiente, incluyendo no solo lo racional sino también las emociones.

Figura 48. Si se descuida el cuerpo, la mente, el corazón o el espíritu, surgen cuatro problemas crónicos en una organización: baja confianza, visión y valores no compartidos, desalineación e imposibilidad de facultamiento, además de todos sus síntomas agudos[105]

105 Covey, Stephen M. R.: *El 8° hábito. De la efectividad a la grandeza*, Paidós, Buenos Aires, 2005.

Uno de los fundadores de Sony decía: "Primero he de satisfacer a mis empleados, luego a mis clientes y por último a los accionistas". Me pregunto qué ocurre cuando, además, coinciden empleados y accionistas, como es el caso de algunas empresas familiares.

¿Es posible pensar en red, trabajar en red, en la empresa familiar?

Trabajar en red exige necesariamente nuestro esfuerzo, hay que tejerla.

Para encarar desafíos y alivianar la carga en la toma de decisiones, necesitamos ampliar y nutrir nuestra red con colegas, compañeros y personas en las que podemos confiar.

Para Sonia Abadi[106], "Las redes vivas tienen lazos fuertes, predecibles y ordenados que permiten visualizar objetivos y trabajar en equipos siguiendo una misma línea. Tienen también lazos llamados débiles, azarosos o informales, que generan densidad, diversidad y expansión de la red, integrando ideas y personas muy diversas".

Según la autora, una red también tiene nodos que atraen y distribuyen gran cantidad de conexiones. Hay personas que actúan como conectores. En los vínculos laborales y sociales conviene relacionarse con personas de diversos ámbitos, aunque aparentemente tengan poco que ver con la profesión o los objetivos puntuales de la empresa. Aquello amplía y enriquece las redes mentales y laborales, y lleva a encontrar soluciones originales y oportunidades imprevistas. Y agrega la autora que: "Hoy el mundo viene en formato de redes y necesitamos crear mentes y vínculos en red para ser parte de los grandes cambios recibiendo y aportando al entorno".

---

106 Abadim, S.: *Pensamiento en Red, op. cit.*

Figura 49. Trabajar en un clima de confianza
La confianza en las personas y en las ideas alimenta la red humana,
en tanto que la DesConfianza origina un estado de alerta y temor,
y lleva a un funcionamiento de defensa. Suele ser más peligroso
desconfiar que confiar. Experimentar con las ideas en un ámbito
permisivo fortalece la confianza en los propios recursos

VALORES QUE TEJEN LA RED	VALORES QUE DAÑAN LA RED
SIMPATÍA	ANTIPATÍA
GENEROSIDAD	MEZQUINDAD
PERTINENCIA - SOLIDARIDAD	EGOCENTRISMO
INTEGRACIÓN	DISCRIMINACIÓN
COLABORACIÓN	RIVALIDAD
RECEPTIVIDAD - ACEPTACIÓN	RECHAZO
APRENDIZAJE - ENSEÑANZA	ENVIDIA

Para Virginio Gallardo Yebra[107], consultor español en innovación y autor del libro *Liderazgo innovador*, es cada vez más importante crear comunidades, espacios donde conectar ideas, historias y conversaciones, es la nueva forma de aprender e innovar. Por ello, los procesos de talento deberán enfocarse cada vez más en gestionar comunidades para acelerar el aprendizaje organizativo.

¿Se puede enseñar a ser emprendedor-empresario familiar?

Con el cambio de siglo se multiplicó la oferta académica y, como consecuencia, aumentó la presión por convertirse en un profesional, además de expandirse la educación no formal y las nuevas tecnologías.

El consultor necesita abordar un enfoque interdisciplinario –aunque en algunos casos se solapen los límites entre

---

107 Gallardo Yebra, V.: "Pensar en red impulsa la innovación" en *La Nación*. Recuperado en https://www.lanacion.com.ar/lifestyle/pensar-en-red-impulsa-la-innovacion-nid1905469. 5 de junio de 2016.

las distintas profesiones para atender la problemática compleja de la familia empresaria– que incluya la hibridación de proyectos y la formación de equipos multidisciplinarios.

¿Es posible enseñar a alguien a ser emprendedor? ¿Qué habría que enseñarles a quienes tengan esa vocación?

Es importante que el empresario de familia o el profesional que gestiona una empresa familiar estimulen un camino de pensamiento, de crítica y de aprendizaje a partir de los errores; ya no alcanza con impartir las técnicas del *management.*

Desde mi punto de vista, será imprescindible un equilibrio entre profesionalizar y fomentar el liderazgo intuitivo, entre la formación conceptual y práctica y la necesidad de insertarse en el mundo profesional y en la cultura empresarial con una visión crítica, transmitiendo habilidades funcionales o técnicas específicas, pero además facilitar el planteo de preguntas, más que dar respuestas. Los consultores, en este contexto, también debemos redefinir nuestro rol.

Alguien naturalmente dotado puede ser brillante y habilidoso pero carecer de fundamentos conceptuales. En esos casos, es factible enseñar elementos que formen a una persona que tiene una vocación y algunos dones, transmitir técnicas, planificación, procesos, historia de la cultura familiar empresarial, administración, tecnología.

Es importante comprender que, a veces, es tan importante el camino como el producto. Mi sensación es que, en un punto, la profesionalización está más cerca del no saber que del saber, de la incertidumbre que de la certeza; del hecho de darse cuenta del error e intentar reconocerlo y repararlo, y aprender de esa experiencia, por dolorosa que sea. En algunas artes marciales japonesas, lo primero que se aprende es a caer. No a evitar la caída, sino a asumirla y tomarla como una instancia del combate, es decir, una convocatoria más del aprendizaje. Creo que en la experiencia del empresario, saber equivocarse es clave. Esta frase ilustra muy bien este concepto: "Caer no es fracasar. Fracasar es no haberlo intentado".

¿A quién confiar la profesionalización de la empresa familiar?

En lugar de responder con una afirmación, creo necesario introducir primero otra pregunta: la incorporación de personal externo, aun siendo altamente capacitado, ¿garantiza *per se* el éxito en la profesionalización de la empresa familiar?

**Figura 50. "Es igualmente un error confiar en todos los hombres o en ninguno", proverbio latino
Ampliar la "confianza inteligente"**[108]

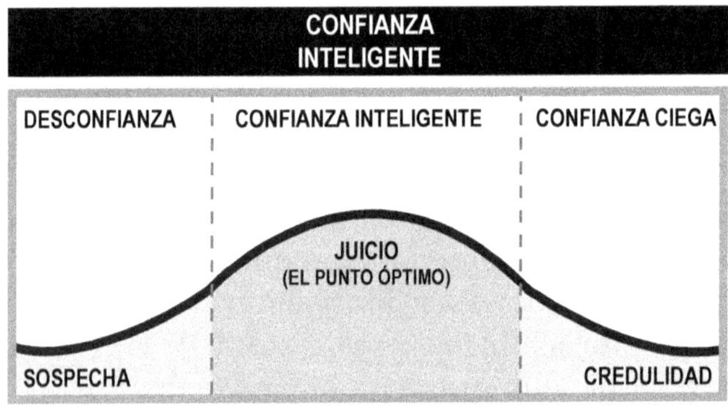

Según Ward[109], hay una primera instancia, que consiste en la implementación de juntas directivas y asesores como otra manera clara de crear estructuras de profesionalización en la empresa familiar, que permitan instaurar un mayor capital intelectual para la organización, al mismo tiempo que aporten a los directivos visiones diferentes de progreso y crecimiento.

---

108 Stephen M. R. Covey, *op. cit.*
109 Ward, J.: *El éxito en los negocios de familia*, Editorial Norma, Bogotá, 2006.

Al respecto, Dyer[110] formula los distintos motivos que dan cuenta de la necesidad de profesionalización de una empresa familiar. Uno de ellos es la falta de personas capacitadas, dentro del núcleo familiar, o con talento para la gestión de la compañía, particularmente cuando esta evoluciona de micro a pequeña o mediana empresa, porque se necesita abordar temas de mayor complejidad. Hay dos opciones para hacerlo: capacitar al personal familiar directivo de la empresa, o contratar personal externo experto en las necesidades de la empresa, sea en forma directa o como asesores consultores.

Otro de los motivos es cuando alguno de los líderes de la empresa pretende cambiar las normas y/o los valores propios del negocio, situación que desencadena graves conflictos entre los miembros familiares y propietarios. En esta situación, la mejor alternativa puede ser desvincular a los familiares no profesionales de la parte administrativa y dejarlos solamente como propietarios, integrantes de la asamblea familiar, y, a cambio, contratar como nuevo líder de la empresa a una o varias personas externas con experiencia profesional, que representen los mayores intereses de eficiencia y rentabilidad que busca la compañía.

Una tercera circunstancia se produce a raíz de la motivación de los propietarios de la empresa familiar por buscar alguien que dirija la compañía para el siguiente cambio generacional, manteniendo la estructura de valores familiares y objetivos financieros preestablecidos en la etapa de madurez corporativa. Este traspaso puede desarrollarse a través de las siguientes alternativas.

a) Formar y capacitar a un miembro de la familia que conozca el entorno organizacional, en defensa de

---

110 Dyer, W.G.: "Integrating Professional Management into a Family Owned Business". *Family Business Review,* 2(3), 1989, pp. 221-235.

los principios y valores familiares propios de la empresa.

b) Promover a algún miembro no familiar, que esté vinculado desde hace tiempo con la organización.

c) Al no existir, dentro de la empresa, personal (familiar o no familiar) poseedor de los perfiles que demanda el cambio generacional, la opción se limita a contratar un profesional externo que tome las riendas de la compañía bajo las directrices de la familia y los propietarios.

Miguel Ángel Gallo[111] plantea que este proceso debe desarrollarse dentro de tres fases, en cada etapa evolutiva de la compañía. En primera instancia, se propone que se inicie esa labor desde los primeros años de creación de la empresa, difundiendo la cultura familiar para que sea vista por todos los integrantes familiares como una opción de vida, capacitándolos sustentados en una preparación profesional universitaria.

Al respecto, es necesario considerar e integrar la planificación estratégica y la planificación y profesionalización de la familia en paralelo.

Gallo defiende la construcción de un vínculo familiaempresa que ayude a disminuir las problemáticas propias de cualquier negocio, situación que demanda la creación de protocolos para institucionalizar la labor y el papel que juega cada integrante de la familia en la empresa. Por eso, la adopción de protocolos de sucesión, selección de personal y asignación de cargos, entre otros, constituyen una de las piezas clave del rompecabezas de la gestión de la empresa familiar.

---

111 Gallo, M.A.: *op. cit.*

Complejidad del proceso de profesionalización de la empresa familiar

Leach[112] reconoce que la profesionalización de la empresa familiar es un proceso de gran complejidad y esfuerzo en razón de los variados factores limitantes e inconvenientes que surgen para su correcto desarrollo. Planear el proceso de profesionalización de la empresa es una cuestión que cada organización establece a través del tiempo de acuerdo con sus necesidades y que debe surgir como una idea clara de sus fundadores con respecto a sus hijos, socios, empleados y colaboradores, como una filosofía de vida esencial para el éxito de la compañía.

Podríamos reflexionar acerca de los temas que sugiero a continuación.

¿Hasta qué punto la cuestión afectiva es un aspecto limitante en el proceso de profesionalización?

Muchas veces decimos que para que una empresa familiar tenga éxito es necesario separar los vínculos afectivos de afinidad y consanguinidad. ¿Por qué no fomentar los lazos fuertes familiares, siempre que tengan talento y vocación para la empresa?[113]

El modelo que propongo prioriza el valor de la **construcción de la confianza** en la interacción con el consultor y su equipo, para el proceso de profesionalización y para estar en condiciones de delegar responsabilidad en otras personas que puedan desarrollar capacidades y compromiso con la compañía.

---

112 Leach, P.: *La empresa familiar*, Granica, Barcelona, 1993.

113 Stivelberg, A.: "Nuevo modelo de evolución de las relaciones familia-empresa, Capítulo Primer mandamiento: 'No procrastinarás la sucesión'", en: *op. cit.* Serna, H. y Suárez, E.: *La empresa familiar: estrategias y herramientas para su sostenibilidad y crecimiento.* Temis, Bogotá, 2005.

Figura 51. La unidad simplifica el gobierno y la dirección de la empresa. El compromiso es la mejor de las motivaciones[114]

¿Cuál sería un indicador de que la empresa familiar está acompañando los cambios del mercado y del entorno?

¿Cuánto se comparte de la autoridad entre directivos familiares y no familiares en los procesos de profesionalización?

Cabe preguntarse también lo siguiente:

¿Se toma ventaja de los valores, comportamientos, mitos y normas culturales que constituyen los impulsos escondidos de la vida de la empresa familiar, contribuyendo a que el consultor comprenda la compleja trama emocional y de resistencias de esta?

¿Se desarrollan el liderazgo creativo y las decisiones de negocio que generen valor?

El consultor, ¿entiende por qué y dónde pueden surgir las dificultades para entrar en el sistema? ¿Puede definir su rol como una parte confiable en el proceso, con útiles intervenciones sistémicas?

Las pymes familiares, ¿cuentan con un plan estratégico como elemento necesario para profesionalizar, de acuerdo con la etapa evolutiva que transitan?

¿Preparan a personas, familiares o no, en temas de profesionalización para que tengan mayores competencias

---

114 Gallo, M. A.: *op. cit.*

para cargos directivos? ¿Entienden esto como una pérdida de poder o de control?

¿Se estructuran planes de profesionalización para que los empleados y familiares sean los primeros beneficiarios, además de recurrir a personal externo?

Es necesario resaltar que el verdadero concepto de empresa familiar incluye la construcción de una cultura de la profesionalización, entendida esta como un proceso de cambio, no solo de tecnologías y conocimientos sino de pensamiento de los fundadores y directivos de la organización.

Por lo tanto, la empresa familiar tradicional debe recapacitar acerca de la importancia que tienen los procesos de profesionalización para su organización, entendidos como un elemento fundamental a través del cual es posible imponer condiciones de transformación y evolución para la compañía hacia niveles de mayor productividad y competitividad local y global. La profesionalización es un elemento vital para lograr con éxito el proceso de transmisión y cambio generacional, ya que ayuda a minimizar los niveles de conflicto entre familiares, empleados y propietarios, siendo el único desarrollo que puede preparar y garantizar que los futuros miembros de la organización estén acordes a las necesidades de la empresa cuando ya no estén los actuales gerentes y/o propietarios.

La profesionalización, indudablemente, es un elemento que contribuye a generar **confianza mutua** entre todos los integrantes de la empresa familiar, al tiempo que lleva a delegar ciertas responsabilidades de una manera más proactiva y sinérgica a través de procedimientos de comunicación realmente eficientes para la organización. Sin los procesos de profesionalización, es imposible establecer órganos de gobierno, protocolos familiares, planes estratégicos y solución de conflictos familia-empresa en la empresa familiar, ya que se apoyan en la idea de construir una verdadera cultura de trabajo con base en las capacidades profesionales de cada individuo y en su manera de aportar valor al equipo.

La profesionalización es el proyecto de vida de una organización empresarial, tal y como un padre piensa en educar a sus hijos desde los primeros años de vida para así entregarles mejores condiciones de adaptabilidad frente a las oportunidades y situaciones adversas que pueda deparar el futuro.

En el caso latinoamericano, los datos de la empresa familiar no resultan muy alentadores por la pobre gestión que esta realiza en sus procesos productivos, lo cual se evidencia en el número de fracasos corporativos producto de escasos niveles de profesionalización que poseen tanto directivos como empleados, situación cada vez más compleja dentro del actual entorno comercial de globalización de los mercados (Salinas y Dorrego[115]). Significa entonces que, por la gran jerarquía y el impacto positivo que representan las organizaciones familiares para los países latinoamericanos, se trata de uno de los grandes retos y compromisos que se deben adoptar.

Feedforward[116] y *Feedback* en el día a día de la empresa familiar

Podemos cambiar el futuro. No podemos cambiar el pasado.

En un breve ejercicio que por lo general dura entre 10 y 15 minutos, con un promedio por participante de 6 a 7 sesiones de diálogo, se les pide a los líderes que desarrollen dos roles.

1. Brindar *feedforward*: esto es, darle sugerencias a otra persona para su futuro y ayudarla tanto como pueda.
2. Aceptar el *feedforward*: es decir, escuchar las sugerencias para el futuro y aprender tanto como puedan.

---

115 Salinas, A. y Dorrego, P.: *Estrategias de Pymes Exitosas.* 4ª Edición, Editorial Dorrego Consultores, Bogotá, 2005.

116 El término *feedforward* nació de una conversación que mantuvo Marshall Goldsmith con Jon Katzenbach, autor de *The Wisdom of Teams* (1999), *Real Change Leaders* (1997) y *Peak Performance* (2000).

Los participantes deben escoger una conducta que desearían cambiar, que proporcionaría una diferencia significativa y positiva en sus vidas.

¿Por qué intentar el *Feedforward* como una herramienta de desarrollo?

* Porque puede ser entretenido y de utilidad en lugar de penoso, embarazoso e incómodo como a veces lo es el *feedback*, instancia de retroalimentación o respuesta en el proceso de comunicación y que supone una inversión de la linealidad emisor-receptor.
* Ayuda a la gente a focalizar un futuro positivo, y no en un pasado con errores. Los atletas casi siempre son entrenados usando el *feedforward*. A los corredores de autos se les enseña "a mirar el camino, no la pared".
* Puede ser una herramienta útil de aplicación para todo el equipo, no implica superioridad de juicios. Está enfocada en ayudar a ser un "compañero de viaje" y no un "experto".
* Se tiende a escuchar con más atención, sin preocuparse por estructurar una respuesta inteligente.
* Mejora la calidad de la comunicación, la cual mantiene unida a la organización. El resultado es dinámico: una organización más abierta, en la que los miembros apuntan al futuro y no reviven los errores del pasado.
* Es más productivo, es casi siempre recibido como positivo, porque se concentra en soluciones, no en problemas.
* Está especialmente diseñado para gente a la que le gustan las ideas que la ayudan a alcanzar sus metas.
* No requiere de experiencia previa con la persona.
* La gente no toma el *feedforward* en forma tan personal como el *feedback*. No involucra críticas perso-

nales, ya que se conversa sobre algo que aún no ha sucedido.
- Refuerza la posibilidad de cambiar, se basa en que quien recibe las sugerencias puede realizar cambios en el futuro.
- Puede cubrir todo lo que cubre el *feedback*, pero tiende a ser más rápido y eficiente.
- Eliminando el prejuicio, el proceso se vuelve más positivo, tanto para quien lo hace como para el que lo recibe.

Lo más importante que deben aprender los miembros de una familia empresaria y sus empleados es a pensar, a criticar, a **confiar** en que las cosas les van a llegar por los caminos menos previsibles.

Las empresas familiares, en Latinoamérica, representan más del 70% de su conjunto empresarial, con una generación de puestos de trabajo superior al 78%, y fueron creadas en su gran mayoría (80%) durante la década de 1970, por lo que ya están llegando a su primer cambio generacional.

Antes, el centro de cualquier organización que buscara consolidarse y crecer ante la vista de la sociedad y los consumidores era el capital, pero en la actualidad ese lugar está ocupado por la era del "talentismo", un intangible directamente vinculado con el éxito de las compañías y con la forma en que estas se relacionan con su gente, sus clientes y el ecosistema que las rodea.

Si lo que mueve a la empresa son las personas, más que nunca es necesario el factor confianza para acompañar la velocidad del cambio, ya que no hay nada más veloz que la rapidez de este factor, tanto entre los familiares como para incluir a los consultores y sus equipos.

Estos atributos esenciales a la vista de las empresas son: experiencia que la persona trae de su rol anterior, que puede plantear alternativas distintas, anticiparse y generar datos, liderazgo, gente que sepa trabajar en equipo, y el "test del aeropuerto": ¿sería agradable estar cuatro horas en el aeropuerto con esa persona al lado?

Y con respecto a los valores de las empresas que inciden para atraer y motivar talento: que sea un buen lugar para trabajar, con la marca empleador y los valores encarnados en la reputación interna.

Se debe entender qué es a lo que aspira ese talento, qué lo desafía, lo inspira y lo motiva. Muchas veces, las empresas familiares siguen repitiendo modelos que fueron exitosos en el pasado; debemos entender que las empresas tradicionales atraen al talento tradicional y solo las que representan la innovación, el futuro y las oportunidades atraen al talento de vanguardia.

Asimismo, hay que definir qué tipo de experiencia es la que se les ofrece a los colaboradores, sean familiares o no, cómo se quiere posicionar a la empresa, qué posibilidades se les da para aprender, contribuir a mejorar el mundo, socializar, participar en las decisiones e interactuar con familiares, jefes, colegas, clientes y proveedores. Se trata de la inversión emocional y económica que se ofrece y lo que se vivirá en cada jornada, sin dejar de prestar atención a otras variables relacionadas con la calidad laboral: percibir un salario coherente con la función desempeñada, si se propicia el desarrollo profesional y cuestiones vinculadas con la igualdad de género. También se valora positivamente todo aquello que contribuye a desarrollar un fuerte sentimiento de pertenencia, la motivación y el reconocimiento profesional.

Esto promueve la innovación, otorga un gran espacio a las personas y les da amplia libertad, ayuda a pasarla bien y trabajar al mismo tiempo, impulsa emprendedores y pequeños equipos. Hay una combinación de libertad para innovar, trabajar en un ambiente divertido y la oportunidad de hacer una carrera en la empresa familiar, que tiene la capacidad de la adaptación a entornos distintos, y flexibilidad.

En el pasado se hablaba de aspectos individuales, *performances* y desempeños diferenciales, pero en la actualidad existe una visión más colaboracionista. La necesidad de mantener el talento en la empresa familiar, que tiene un compromiso y un pensamiento a largo plazo, choca con un rasgo generacional muy fuerte, sobre todo en la Generación Y, que tiene menos ligazón de largo plazo con las organizaciones. Sabiendo que la permanencia de esta generación va a ser más corta, nuestro trabajo estará más orientado en que, mientras estén, se desempeñen con mayor nivel de compromiso. Y que cada persona sea libre de elegir para entrar o para salir de la empresa familiar.

Por supuesto, esto conlleva una gran responsabilidad, que es facilitar que entre todos se creen las condiciones para que sigan eligiendo las empresas familiares, por representar estas un espacio con capacidad para tomar decisiones o disponibilidad para tomarlas ya desde temprano, y que manifiesta una importante tolerancia al error, lo que permite probar y aprender de ello, estar en permanente conversación con otros.

Convertir espejos en ventanas.

La irrupción de lo digital, los equipos diversos y la proliferación de nuevos modelos de negocios requieren personas disruptivas y alejarse de los números para conectarse con su parte más humana. El líder disruptivo es precisamente aquel que toma el fracaso como una oportunidad. El fracaso ofrece un lugar para poder habitar y desde el cual poder partir. El emprendedor es una persona que naturaliza el fracaso, entendiendo que este es parte del aprendizaje.

A la hora de analizar cuánto influye el apoyo de la familia, es bueno recordar una metáfora: cuando un niño se ha caído de la bicicleta y está lastimado en el suelo, se le dice que no tiene que entregarse, que tiene que levantarse, tomar de nuevo la bicicleta, seguir pedaleando y descubrir su potencial, dar la posibilidad de confiar en los otros de manera inteligente.

Se trataría de una revolución en la que muchos de los cambios que intentamos predecir se producen a una velocidad exponencial.

Pero, ¿están preparadas las empresas familiares para enfrentar esta revolución? ¿Están dispuestos sus líderes para aprovechar una era de disrupción?

La revolución digital exige desafiar los modelos de negocio, las formas de trabajar, de liderar, las fuentes de valor y, sobre todo, la cultura de las organizaciones, fomentando la prueba y el error. Premiando no solo las nuevas ideas, sino también a quienes se animen a ejecutarlas en forma ágil.

El éxito de los líderes no se basará solamente en implementar estrategias de largo plazo sino en avanzar con múltiples ideas simultáneamente. Algunos prototipos tendrán éxito y otros no, pero la disrupción de múltiples estrategias con gran agilidad es lo que diferenciará la supervivencia en el nuevo mundo. Testear nuevos modelos en forma veloz y aprender rápido del fracaso forma parte necesaria del nuevo paradigma.

Estamos asistiendo, en mi opinión, a una "nueva etapa de crecimiento" en el ciclo evolutivo de la empresa familiar: **crecimiento por colaboración y crisis por revolución tecnológica**. Esto requiere una estrategia de adaptabilidad, agilidad y alineación.

> *Liderazgo disruptivo y pensamiento en red, tanto en lo familiar como en lo empresarial*[117].

Con anterioridad, el ciclo de vida de un producto o servicio podía representarse con la típica curva "de campana"

---

117 Alicia Stivelberg, 2017.

–impulso gradual, éxito sostenido en el tiempo–. El modelo de adopción, en la actualidad, se parece más a una aleta de tiburón, caracterizado por un éxito repentino y hasta violento, al que le sigue un breve pero brillante período de dominio, que da lugar a una nueva extensión o mejora del producto.

Los *Millennials* son personas con estilos tan intensos como la vida que llevan, los pasos que dan y los logros que consiguen. Los caracteriza la intensidad con la que deciden qué quieren ser ahora, no cuando sean grandes.

La mayoría de los estudios más recientes apuntan a que en la gestión de la diversidad generacional pueden aparecer hasta cuatro generaciones conviviendo por primera vez en la historia de las familias.

Las organizaciones se están poblando de *Millennials*, no son solo una generación, sino también una actitud que da lugar a una serie de comportamientos, conductas y hábitos puestos en práctica por determinados profesionales, comportamientos que no necesariamente correlacionan con un año de nacimiento. Son personas que conjugan los verbos colaborar y compartir: *Cultura "Co"*.

Se trata de profesionales preocupados por su mejora continua y la del marco organizativo, con mentalidad abierta y divergente, que incorporan nuevas ideas y necesitan un *feedback* inmediato para mejorar su trabajo a diario. Están en constante búsqueda de nuevos desafíos; emprenden e "intra-emprenden"; integran la tecnología para saciar su curiosidad, acceder al conocimiento necesario, crecer y generar valor en su organización. Buscan el equilibrio entre sumar valor para su empresa y su autorrealización, comprometiéndose con otras causas.

Un proceso de cambio y transformación requiere más que nunca de profesionales con libertad de acción, con mentalidad emprendedora para hacer que los proyectos sucedan, a quienes motiven los retos constantes, que colaboren y compartan sus descubrimientos de forma abierta, personas creativas y proactivamente disruptivas, con comportamientos que trascienden lo generacional.

Se observa especialmente en las nuevas generaciones, que no están dispuestas a desarrollarse dentro de estructuras de control, sino que buscan una alternativa de mayor participación y decisión. Las dos principales causas por las que las personas dejan sus trabajos son los jefes que subestiman, desestiman, desconfían, y cuando ven en la compañía se proclama algo y se vive lo contrario; por lo que resulta imprescindible concientizar en desaprender el modo de comando y control y adoptar una estrategia innovadora de *management*.

Las familias empresarias deben estar dispuestas a cambiar la manera convencional de pensar y trabajar, entender que la participación y la colaboración constituyen el nuevo modo de innovar.

Deben fomentar organizaciones más abiertas, empresas que se piensen de abajo hacia arriba, que en la base de la pirámide se trabaje en el propósito de lo que se hace, lo que impulsa el compromiso y la pasión de las personas. Lo que importa es que emerjan y triunfen las mejores ideas, sin importar de dónde vengan, reuniéndose y exponiendo ideas, sugerencias y problemas, participando y aportando soluciones. Así, cada miembro ganará confianza y asumirá responsabilidades de acuerdo con su talento, y obtendrá una reputación positiva por méritos propios.

Conclusiones

El terreno de las empresas familiares hoy debería ser más inclusivo. Poner en crisis la idea de *saber*, que ha sido reemplazada por la de *hacer*. Recurrir a la oferta de educación no formal para entrenarse, para impregnarse de una nueva capacidad; no necesariamente desde un "no saber" sino a partir de mejorar el hacer. A esto lo llamaría acción y entrenamiento.

Se ha quebrado la temporalidad; ahora, la gente está muy apurada. Me parece que el desafío reside en no deplorar el signo de los tiempos y tampoco acompañarlo de una manera acrítica y pasiva.

Voy a cumplir varias décadas como especialista en familias empresarias. Percibo que el desafío para la consultoría hoy es que no se puede "hacer" a un emprendedor. El emprendedor se hace a sí mismo, se crea solo. Estudia, profundiza y se larga. En cambio, podemos marcarle algún camino en libertad y hacer que piense en la continuidad de la empresa familiar. No le damos algo cerrado, sino con una abertura, para que lo compruebe por sí mismo.

En estas tres décadas, el cambio más significativo en la consultoría de empresas familiares fue en la relación de la familia con la empresa. Antes, la figura de los padres no se cuestionaba y se sabía mucho de algo. En la actualidad, los jóvenes cuestionan y conocen un poquito de todo. Tenemos que incluir áreas que antes no existían, como las nuevas tecnologías. Quienes se forman profesionalmente no pueden quedarse solo con lo que recibieron, tienen que seguir trabajando y aprendiendo.

La consultoría profesional es cada vez más interdisciplinaria y, fundamentalmente, facilitadora de procesos. Los consultores debemos escuchar, conversar, hacer preguntas, construir confianza, abrir el campo para que otros hagan preguntas, saquen conclusiones y planifiquen para el futuro, debemos profesionalizar.

Mi intención es que cada integrante de la familia empresaria encuentre una coherencia interna, que su profesionalismo pase por crear un programa propio y que él sea capaz de romperlo y crear uno nuevo, dando herramientas para una lectura crítica de la contemporaneidad.

Creo que el sentido más fuerte de la profesionalización es una especie de nodo en el que todo se cruza, en cuyos espacios cada parte tiene un lugar; pero no un lugar definitivo, sino en movimiento. Por eso, uno de los desafíos es conectar a los miembros de la empresa familiar con el mundo real y profesional, tanto como se pueda desde un comienzo.

El reto es acompañar a las familias empresarias para que se apoyen en las fortalezas de la unidad y el compromiso, donde prevalezcan la comunicación, los intereses comunes, la confianza mutua y la profesionalización, pasando a las siguientes generaciones y desarrollando liderazgo en sus mercados.

Consiste también en estimular, pensar y trabajar en red, integrando y formando profesionales capaces de moverse en ambientes diversos, tomando medidas en varios niveles y de diversa complejidad.

Confío en que el desarrollo emprendedor, presente tanto en las nuevas empresas familiares como en las pequeñas y grandes que ya existen, también se manifestará en la política, en la ciencia, en la educación, en el arte y en lo social, con pasión, profesionalidad, confianza y valores éticos, los transformadores que nos ayudarán a construir un mundo mejor.

Posfacio

Corrían los primeros años de la década de 1990 cuando, dentro de la red global Horwath International (hoy Crowe Global), comenzó a popularizarse la práctica denominada FOMB (Family & Owner Managed Business), liderada por James Bieneman, un experimentado profesional con base en South Bend, Indiana, Estados Unidos.

Una de las primeras visionarias que se interesaron por desarrollar esta práctica en la Argentina fue Alicia Stivelberg, quien reunía una particular combinación de capacidades, dados sus títulos de Contadora Pública Nacional y licenciada en Psicología Clínica. Desde entonces, Alicia lidera el Espacio para Familias Empresarias de Crowe Argentina.

A sus capacidades técnicas, Alicia les agregó siempre una perseverancia y un convencimiento dignos de todo elogio. No era (no es) fácil entrar en los complicados aspectos internos de una familia, más aún si está involucrada en el desarrollo de un negocio. Pero Alicia ha sabido ganarse la confianza de los miembros de las familias para poder aportar su visión y ayudarlos a crecer.

Este libro transita por varios de los temas fundamentales de una empresa familiar, desde su estructura, el tratamiento de sus conflictos y su inserción en el sistema social, hasta la sucesión, la profesionalización y el creciente liderazgo de las mujeres en estas organizaciones, con la antes mencionada amplia visión de una profesional formada en las ciencias "duras" de la economía y las "blandas" de la psicología.

Felicito a Alicia por su visión, su tenacidad, su capacidad y su permanente ánimo de compartir conocimientos, y estoy seguro de que la lectura de este libro ayudará a los miembros de las empresas familiares a mantener la familia y los negocios.

Eduardo Pestarino[118]
Socio Crowe

---

118 Contador Público, socio de Crowe Argentina, cuenta con más de 47 años de experiencia en auditoría y consultoría. Durante su carrera ha sido responsable de la ejecución de proyectos internacionales de gran escala y posee una vasta experiencia en auditoría de estados financieros de empresas públicas y privadas, manufactureras, comerciales y de servicios situadas en la Argentina y en el exterior. Luego de ocupar varios cargos en el *management* de la red internacional Crowe Global, entre 2004 y 2016 se desempeñó como director regional para las Américas en esta organización. En 2016, a su regreso a la actividad local, fue nombrado *Chairman* del Directorio de Crowe Argentina.

Anexo
Encuesta: Mujeres en empresas familiares

El objetivo de esta breve encuesta anónima es realizar un comparativo entre hoy y los años 90, cuando empecé mi práctica en consultoría y capacitación de familias empresarias. La idea es medir las elecciones, los desafíos, los éxitos y las dificultades que encuentran las mujeres en empresas familiares.

Los resultados de la encuesta serán publicados en forma anónima en el capítulo del libro del IADEF, "La mujer en la empresa familiar". Desde ya, agradecemos su valiosa participación.

Lic. Alicia Stivelberg

Por cualquier duda sobre la interpretación de alguna de las preguntas, puede contactarme a:

15-5008-9837 - alicia.stivelberg@gmail.com

Información general

Edad:

Indique si es:

- ▸▸ Fundadora
- ▸▸ Esposa
- ▸▸ Hija
- ▸▸ Hermana
- ▸▸ Familiar político
- ▸▸ Otro. Indique cuál:

¿Tiene hijos? Sí – No - ¿Cuántos y de qué edades?

Estudios/Capacitación/Ocupación:

Rubro de la empresa familiar:

Años de la empresa desde su fundación:

Cantidad de empleados:

Facturación anual:

Trabaja en la empresa: SÍ – NO

A qué generación pertenece dentro de la empresa: 1ª – 2ª – 3ª - Otra

Cargo/Función/Responsabilidades:

Qué otros familiares trabajan en la empresa:

Quiénes son directores:

Es propietaria: SÍ – NO. Porcentaje:

Qué otros familiares son propietarios:

Recibe remuneración: SÍ – NO

De 0 a 5: ¿la remuneración le resulta acorde a su dedicación/responsabilidad?

Horas que dedica a la empresa familiar:

I – Indique las razones para entrar en la empresa familiar (EF)

Indique la/s respuesta/s correcta/s

1. Para atender los intereses familiares
2. Entrada "a falta de otra cosa"
3. Por tener preocupación acerca de su carrera/dinero
4. "Yo siempre esperé entrar"
5. Otra. Describa:

II - Marque qué la hace sentirse exitosa en su EF

1. Su contribución a la EF y/o su crecimiento
2. Recibir retroalimentación positiva
3. Autopercepción positiva
4. Poder, autoridad, toma de decisiones, influencia sobre otros
5. Control sobre el propio estilo de vida y tener dinero
6. Dominio de conocimiento técnico, capacidad para aprender y creatividad
7. Otro. Describa:

III - Marque cuáles son los desafíos y dificultades para trabajar en la EF

1. Cómo separar trabajo y familia
2. Tener que responder como una empleada
3. Familiaridad
4. Temor de que la relación en el trabajo perjudique la relación familiar
5. Temor de que la relación en la familia perjudique la relación en la empresa
6. Tener que sobresalir para obtener algún reconocimiento
7. Dificultad para lograr un legítimo respeto
8. Tener que convencer de algún nuevo enfoque
9. No excluir a otros miembros de la familia
10. Celos entre hermanos
11. Tratar de satisfacer las expectativas del ambiente empresarial en que se desenvuelven otros familiares
12. Tradición familiar
13. Cómo adquirir la intuición para los negocios que tienen o tuvieron los fundadores
14. Culpa de causar ansiedad y preocupación a la generación fundadora
15. Estar sobreprotegida
16. Cómo obtener una evaluación objetiva de su actuación y de sus errores
17. Cómo presentar *feedback* sobre la conducta de los otros miembros de la familia

Bibliografía

Abadi, S.: *Pensamiento en Red: conectando personas, y proyectos,* Grupo Abierto Libros, Buenos Aires, 2014.

Álvarez M.; Ferrero A.; Huerta N. de, y Stivelberg A.: "Familia y transmisión intergeneracional". En *Envejecimiento y vejez. Nuevos aportes,* Atuel, Buenos Aires, 1998.

Andrés de, V. y Andrés F.: *Confianza total. Para vivir mejor,* Planeta, Buenos Aires, 2015.

Anscombre, J.-C., y Ducrot, Oswald: *La argumentación en la lengua,* Gredos, Madrid, 1994.

Arbesman S.: *The Half-life of Facts: Why Everything We Know Has an Expiration Date,* Current, Nueva York, 2012.

Bauman, Z.: *Modernidad líquida,* Fondo de Cultura Económica, Buenos Aires, 1999.

__________: *Vidas desperdiciadas. La modernidad y sus parias,* Paidós Ibérica. Barcelona, 2005.

Belausteguigoitia, I.: *Empresas familiares. Su dinámica, equilibrio y consolidación,* Editorial McGraw-Hill, México, 2003.

Bieneman, J. N.: *Guide to Total Planning in the Family and Owner Managed Business,* Horwath International and Crowe Chizek and Company, Columbus, Ohio, 1997.

Bierer, L. M.; Yehuda, R.; Schmeidler, J.; Mitropoulou, V. *et al.*: "Abuse and neglect in childhood: relationship to personality disorder diagnoses". *CNS Spectr,* 8(10), 2003. Bork, D.; Jaffe, D.; Lane, S.; Dashew, L. y Heisler, Q.: *Cómo trabajar con la empresa familiar. Guía para el asesor profesional,* Granica, Barcelona, 1997.

Carter, D., Simkins, B. J. y Simpson, W.: "Corporate governance, board diversity, and firm value", *The Financial Review*, 38, 33-53, 2003.

Catalyst. Study of 353 Fortune 500 Companies connects corporate performance and gender diversity, news release. Recuperado el 26 de enero de 2004 de http://www.catalystwomen.org/.

Ceja, L.: "El papel de la mujer en la empresa familiar: el reconocimiento de un rol crítico pero a veces invisible", *Newsletter* n° 28, Cátedra de Empresa familiar: IESE, 2008.

Coria, C.: *Las negociaciones nuestras de cada día*, Paidós. Buenos Aires, 1997.

Covey, S. R.: *Los 7 hábitos de las personas altamente efectivas*, Paidós, Buenos Aires, 1998.

__________: *El 8° hábito. De la efectividad a la grandeza*, Paidós, Buenos Aires, 2005.

__________: *El factor confianza. El valor que lo cambia todo*, Paidós, Buenos Aires, 2010.

Crowe Horwath, "Los cuatro estilos de pensamiento", *Value Drivers*, Buenos Aires, 2011.

Danes, S.; Haberman, H. R. y Mctavish, D.: "Gendered discourse about family business, *Family Relations*, 2005.

De Andrés, V. y Andrés, F.: *Confianza total. Para vivir mejor*, Planeta, Buenos Aires, 2015.

Díaz Salazar, M.: *Negocios en familia, herramientas legales al alcance de todos*, Artes Gráficas Sinaloenses, Culiacán, 2003.

Dodero, S.: *El secreto de las empresas familiares exitosas*, El Ateneo, Buenos Aires, 2008.

Ducos, M. M. y Ulloa de Porrúa, E.: *Empresa familiar agropecuaria*, Eudeba, Buenos Aires, 2003.

Dugan, A.; Krone, S.; LeCouvie, K.; Pendergast, J.; Kenyon-Rouvinez, D. y Schuman, A.: *A Woman's Place. The Crucial Roles of Women in Family Business*, The Family Business Consulting Group Inc., Chicago, 2008.

Dumas C.: "Women's Pathways to Participation and Leadership in the Family-Owned Firm" en *Family Business Review* 11, 1998.

Duran, A. y López, P.: "Increasing chances for Hispanic selection and participation in the C-Suite", *The Business Journal of Hispanic Research*, 3 (1), 54-76, 2009.

Dyer, W.G.: "Integrating Professional Management into a Family Owned Business". *Family Business Review*, 2(3), 1989.

Etcheverry, G. J.: *La tragedia educativa,* Fondo de Cultura Económica, Buenos Aires, 1999.

__________: "Educación y cultura, una encrucijada", en: *Boletín de la Academia Nacional de Educación,* N° 43, Buenos Aires, junio 2000.

Faimberg, H.: *El telescopaje de generaciones. A la escucha de los lazos narcisistas entre generaciones.* Amorrortu, Buenos Aires, 2006.

Favier Dubois, E.: *El protocolo de la empresa familiar,* Ad-Hoc, Buenos Aires, 2011.

__________ y Spagnolo, L.: *Doce trampas legales para las empresas familiares. Reglas para evitar que parezca el "licántropo",* Ad-Hoc, Buenos Aires, 2014.

Gallo, M. A.: *La empresa familiar. Trampas, ciclos de vida, sucesión, órganos de gobierno,* Biblioteca IESE de Gestión de Empresas, Barcelona, 1997.

__________ y Melé, D.: *Ética en la empresa familiar,* Editorial Praxis, Barcelona, 1998.

__________: *Ideas básicas para dirigir la empresa familiar,* Ediciones Universidad de Navarra-EUNSA, Pamplona, 2008.

Geetz, C.: *La interpretación de las culturas* Gedisa, Barcelona, 1983.

Gersick, K.; Davis, J.; Hampton, M. y Lansberg I.: *Generation to Generation Life Cycles of the Family Business,* Harvard Business School Press, Boston, Massachusettes, 1997.

__________: *Familia empresaria. Desarrollo de la continuidad,* Fundación Nexia, Barcelona, 2006.

Goleman, D.: *La inteligencia emocional en la empresa,* Javier Vergara Editor, Buenos Aires, 1999.

Golombock, S.: *Modelos de familia ¿Qué es lo que de verdad cuenta?.* Grao. Barcelona. 2006.

Hollander, B. y Bukowitz, W.: "Women, family culture and family business", *Family Business Review,* III (2), 1990.

Hoover, E. A. y Lombard Hoover, C.: *Getting Along in Family Business The Relationship Intelligence,* Handbook, Nueva York, 1999.

Howe, N. y Strauss, W. *Millennials Rising, the next great generation.* Vintage Books, N. York. 2000.

Jacobson, R. y Morris H.: *Fundamentals of Languaje,* Mouton, La Haya, 1956.

Junquera, B.: "¿Tienen menos éxito las empresas propiedad de mujeres? Una revisión de la literatura sobre la cuestión", *Revista de Información Comercial Española,* n° 818. 2004.

Knaus, W. J. D.: "Superar el hábito de posponer", *RET, Revista de Toxicomanías*, N° 13, Barcelona, 1997.

Lea, J.: *La sucesión del management en la empresa familiar. Cómo mantener el negocio en la familia y la familia en el negocio.* Barcelona, Granica, 1993.

Lagarde y de los Ríos, M.: *El feminismo en mi vida. Hitos, claves y topía,* Instituto de las Mujeres del Distrito Federal, México D.F., 2012.

Leach, P.: *La empresa familiar,* Granica, Barcelona, 1993.

López Vergara, M. P.; Gómez-Betancourt, G. y Betancourt Ramírez, J. B.: "Factores que influyen en la participación de la mujer en cargos directivos y órganos de gobierno de la empresa familiar colombiana", *Cuadernos de Administración,* vol. 24, N° 42, enero-junio, 2011.

Lyman, A.; Salganicoff, M. y Hollander, B.: "Women in Family Business: An Untapped Resource", *Sam Advanced Management Journal,* 47-48, 2001.

Manpower Inc.: *Reescribiendo las reglas: interacción generacional en el trabajo,* México, 2010.

Martínez Jiménez, R.: *Trayectoria y liderazgo de la mujer en la empresa familiar,* Departamento de Administración de Empresas, Contabilidad y Sociología Universidad de Jaén, 2009.

Maturana, H.: *Realidad objetiva o construida,* Anthropos, Barcelona, 2009.

Maxfield, S.: "Mujeres en el límite. Poder corporativo en América Latina", *Report of the Women's Leadership conference of the Americas,* Inter-american Dialogue y Simmons Graduate School of Management, 2005.

Mc Goldrick, M. y Gerson R.: *Genogramas en la evaluación familiar,* Gedisa, Barcelona, 2005.

Meadows, D. y otros: *Los límites del crecimiento,* Taurus, Buenos Aires, 2012.

Mintzberg, H.: *La estructura de las organizaciones,* Prentice-Hall, 1979.

Mucci, O. y Tellería, E. D.: *Empresas familiares. Introducción, características y roles,* UNMdP, Mar del Plata, 2003.

Nichols, R. y Stevens, L.: *Comunicación eficaz,* Harvard Business Review-Deusto, Bilbao, 2004.

Nogales, F.: Seminario "La Profesionalización de los Consejos de Familia y de sus consejeros familiares", IADEF, Buenos Aires, 2013.

Pearce, R.: *Getting a Grip on the Paper War: Managing Information in the Modern Office,* Maruki Books, Hamilton, Nueva Zelanda, 2003.

Pérez L., J.: "Las motivaciones humanas". Nota técnica FHN-161, I, Universidad de Navarra, España, 1987.

Pithod, A. y Dodero, S.: *La empresa familiar y sus ventajas competitivas*, El Ateneo, Buenos Aires, 1997.

Poza, E.: *Empresas familiares*, Thomson, México, 2004.

Press, E.: *Empresas de familia. Del conflicto a la eficiencia*, Granica, Buenos Aires, 2011.

Raymond Williams, citado en G. N. Fischer, *Campos de intervención en psicología social*, Narcea, Madrid, 1992.

Rirkin, M., & Hoopman, M. (1991) *Moving beyond Risk to Resiliency*. Minneapolis, MN: Minneapolis Public School.

Rosenblatt P. C.: *La familia en la empresa. Comprender y resolver los problemas que enfrentan las familias empresarias*, El Ateneo, Buenos Aires, 1995.

Rosener, J.: "Ways women lead", *Harvard Business Review*, 68, 119-125, 1990.

Rossi, Lucía: *Historia de la Psicología*, Cátedra I, Universidad de Buenos Aires (UBA), Buenos Aires, 1995.

Roudinesco, E.: *La familia en desorden*, Anagrama, Barcelona, 2004.

Rowe, B. y Hong, G.: "The Role of Wives in Family Businesses: The Paid and Unpaid Work of Women", *Family Business Review*, 2000.

Ruiz M.: *Los cuatro acuerdos*, Urano, Barcelona, 1998.

Salganicoff, M.: "Women in family businesses: challenges and opportunities", *Family Business Review*, III (2), 128-134, 1990.

Salinas, A. y Dorrego, P.: *Estrategias de Pymes Exitosas*. 4ª Edición, Editorial Dorrego Consultores, Bogotá, 2005.

Schützenberger, A.: *¡Ay, mis ancestros!*, Omeba, Buenos Aires, 2006.

Serna, H. y Suárez E.: *La empresa familiar: estrategias y herramientas para su sostenibilidad y crecimiento*, Temis, Bogotá, 2005.

Sinay, S.: *La sociedad de los hijos huérfanos*, Ediciones B, Buenos Aires, 2007.

Smith, N.; Smith, V. y Verner, M.: "Do Women in Top Management Affect Firm Performance? A Panel Study of 2.500 Danish Firms", *International Journal of Productivity and Performance Management*, 55, 569-593, 2006.

Snow, Ch. P.: *The Two Cultures and the Scientific Revolution*, Cambridge University Press, New York, 1959.

Srebrow, C.: "Empresas familiares, ¿sucesión o transferencia generacional?", *Panorama de management y gestión*, febrero, 1994.

Stivelberg, A.: "Construir la familia y los negocios". En *Marketing aplicado a la industria de la construcción*, Iconsite, Buenos Aires, 2000.

____________: *Keeping the Family and the Business Successful: Multi-generational Career Counselling*, Cannexus, Toronto, 2009.

Stivelberg, A.: "Manteniendo la familia y los negocios. Transformando la zona de conflicto en zona de acuerdo". En *Negociación, mediación y arbitraje en la empresa familiar*, Ad-Hoc, Buenos Aires, 2012.

___________: "Primer mandamiento: 'No procrastinarás la sucesión'". En *La sucesión en la empresa familiar*, Ad-Hoc, Buenos Aires, 2014.

___________: "Los cambios culturales en la familia y su influencia sobre las empresas familiares. Cambio de códigos. Códigos de cambio". En *La empresa familiar en el Código Civil y Comercial*, Ad-Hoc, Buenos Aires, 2015.

___________: "Confianza y profesionalización en la empresa familiar". En *La profesionalización de la empresa familiar*, Ad-Hoc, Buenos Aires, 2017.

___________: "Empresas multifamiliares. Aspectos transgeneracionales", Congreso de Empresas Familiares UCC, Córdoba, 2018.

___________ y otros: "Transmisión a la luz de tres generaciones". En *Envejecimiento y vejez. Nuevos aportes*, Atuel, Buenos Aires, 1998.

Tagiuri, R. y Davis, J.: "Modelo de los tres círculos. Atributos ambivalentes de la empresa familiar". *Family Business Review, 11* (1), Massachusetts, 1982.

Vera, C. y Dean, M.: "An Examination of the Challenges Daughters Face in Family Business Succession", *Family Business Review*, 18, 321-345, 2005.

Ward, J.: *El éxito en los negocios de familia*, Editorial Norma, Bogotá, 2006.

Williams, R., citado en Fischer, G. N.: *Campos de intervención en psicología social*, Narcea, Madrid, 16 y ss, 1992.

http://familybusinesswiki.ning.com/profile/AliciaGracielaStivelberg?xg_source=profiles_memberList

http://familybusinesswiki.ning.com/profiles/blogs/keeping-the-family-and-the